定本 漢文 金剛經

無比·趙顯春 共譯

雲舟社

Ⅰ. 定本 漢文 金剛經 校勘　5

一.　法會因由分　　　　　7

二.　善現起請分　　　　　12

三.　大乘正宗分　　　　　17

四.　妙行無住分　　　　　21

五.　如理實見分　　　　　24

六.　正信希有分　　　　　26

七.　無得無說分　　　　　33

八.　依法出生分　　　　　36

九.　一相無相分　　　　　39

十.　莊嚴淨土分　　　　　44

十一.　無爲福勝分　　　　48

十二.　尊重正教分　　　　51

十三.　如法受持分　　　　53

十四.　離相寂滅分　　　　60

十五.　持經功德分　　　　71

十六.　能淨業障分　　　　75

十七.　究竟無我分　　　　80

十八.　一體同觀分　　　　93

十九.　法界通化分　　　　98

二十.　離色離相分　　　　99

二十一. 非說所說分   101

二十二. 無法可得分   106

二十三. 淨心行善分   109

二十四. 福智無比分   110

二十五. 化無所化分   112

二十六. 法身非相分   114

二十七. 無斷無滅分   120

二十八. 不受不貪分   124

二十九. 威儀寂靜分   128

三十.   一合理相分   130

三十一. 知見不生分   132

三十二. 應化非眞分   136

Ⅱ. 定本 漢文 金剛經   141

I. 定本 漢文 金剛經 校勘

1. 原　本: 鳩摩羅什譯 漢文 金剛般若波羅蜜經
   (高麗大藏經, 敦煌莫高窟)

2. 參考本: 流支本 眞諦本 笈多本 玄奘本 義淨本
   梵語二本 藏語本 蒙古語本

3. 三分之一 以上 文章 校勘

一. 法會因由分
일 법회인유분

鳩摩羅什	如是我聞 一時 佛 在舍衛國 祇樹給孤獨園 여시아문 일시 불 재사위국 기수급고독원 與大比丘衆 千二百五十人俱 1)********** 여대비구중 천이백오십인구 ⎯⎯⎯⎯⎯⎯⎯⎯⎯⎯
定本	如是我聞 一時 佛 在舍衛國 祇樹給孤獨園 여시아문 일시 불 재사위국 기수급고독원 與大比丘衆 千二百五十人俱 及 大菩薩衆 여대비구중 천이백오십인구 급 대보살중

校勘 1:

【羅 什】	**********
【流 支】	**********
【眞 諦】	**********
【笈 多】	**********
【玄 奘】	**********
【義 淨】	及 大菩薩衆
【梵語1】	(及 大菩薩衆)
【梵語2】	(及 大菩薩衆)
【藏 語】	(及 大菩薩衆)
【蒙古語】	(及 大菩薩衆)
【定 本】	及 大菩薩衆

鳩摩羅什	爾時 世尊 1)食時 着衣持鉢 入舍衛大城
	이시 세존 식시 착의지발 입사위대성
	乞食 於其城中 2)次第乞已 3)還至本處 飯食訖
	걸식 어기성중 차제걸이 환지본처 반사흘
	收衣鉢 洗足已 4)敷座而坐
	수의발 세족이 부좌이좌

定本	爾時 世尊 於日初分 着衣持鉢 入舍衛大城
	이시 세존 어일초분 착의지발 입사위대성
	乞食 於其城中 飯食訖 還至本處
	걸식 어기성중 반사흘 환지본처
	收衣鉢 洗足已 如常敷座 結跏趺坐 端身而
	수의발 세족이 여상부좌 결가부좌 단신이
	住 正念不動
	주 정념부동

校勘 1:

【羅 什】	食時
【流 支】	食時
【眞 諦】	於日前分
【笈 多】	前分時
【玄 奘】	於日初分
【義 淨】	於日初分時
【梵語1】	(於日初分)
【梵語2】	(於日初分)
【藏 語】	(於日初分)
【蒙古語】	(於日初分)
【定 本】	於日初分

校勘 2:

【羅 什】	次第	乞已
【流 支】	次第	乞食已
【眞 諦】	次第	行乞
【笈 多】		摶爲行已
【玄 奘】		行乞食已
【義 淨】	次第	乞已
【梵語1】	(***********)	
【梵語2】	(***********)	
【藏 語】	(***********)	
【蒙古語】	(***********)	
【定 本】	*********	

校勘 3:

【羅 什】	還至本處	飯食訖
【流 支】	還至本處	飯食訖
【眞 諦】	還至本處	飯食事訖
【笈 多】		作已食已
【玄 奘】	出還本處	飯食訖
【義 淨】	還至本處	飯食訖
【梵語1】		(飯食訖 還至本處)
【梵語2】		(飯食訖 還至本處)
【藏 語】		(***** 飯食訖 *****)
【蒙古語】		(***** 飯食訖 *****)
【定 本】		飯食訖 還至本處

校勘 4:

【羅 什】	敷座	而坐	
【流 支】	如常敷座	結跏趺坐	端身而住 正念不動
【眞 諦】	如常敷座	跏趺安坐	端身而住 正念現前
【笈 多】	施設如是座中	跏趺結直身	作現前念近住
【玄 奘】	敷如常座	結跏趺坐	端身正願 住對面念
【義 淨】	於先設座	跏趺端坐	正念而住
【梵語1】	(如常敷座	結跏趺坐	端身而住 正念不動)
【梵語2】	(如常敷座	結跏趺坐	端身而住 正念不動)
【藏 語】	(如常敷座	結跏趺坐	端身而住 正念不動)
【蒙古語】	(如常敷座	結跏趺坐	端身而住 正念不動)
【定 本】	**如常敷座**	**結跏趺座**	**端身而住 正念不動**

鳩摩羅什	******************************** 1)
定本	時 諸比丘 來詣佛所 頂禮佛足 右繞三匝 退坐一面 시 제비구 내예불소 정례불족 우요삼잡 퇴좌일면

校勘 1:

【羅 什】	**
【流 支】	爾時 諸比丘 來詣佛所 到已 頂禮佛足 右遶三匝 退坐一面
【眞 諦】	時 諸比丘 俱往佛所 至佛所已 頂禮佛足 右遶三匝 却坐一面
【笈 多】	爾時 多比丘 若世尊彼詣 到已 世尊兩足頂禮 世尊邊三右繞作已 一邊坐
【玄 奘】	時 諸苾芻 來詣佛所 到已 頂禮 世尊雙足 右遶三匝 退坐一面
【義 淨】	時 諸苾芻 來詣佛所 頂禮雙足 右繞三匝 退坐一面
【梵語1】	(時 諸比丘 來詣佛所 頂禮佛足 右遶三匝 退坐一面)
【梵語2】	(時 諸比丘 來詣佛所 頂禮佛足 右遶三匝 退坐一面)
【藏 語】	(時 諸比丘 來詣佛所 頂禮佛足 右遶三匝 退坐一面)
【蒙古語】	(時 諸比丘 來詣佛所 頂禮佛足 右遶三匝 退坐一面)
【定 本】	時 諸比丘 來詣佛所 頂禮佛足 右遶三匝 退坐一面

二. 善現起請分
이 선현기청분

時 長老 須菩提 在大衆中 卽從座起 偏袒右肩 右膝
시 장로 수보리 재대중중 즉종좌기 편단우견 우슬

着地 合掌恭敬 而白佛言
착지 합장공경 이백불언

希有 世尊 如來 善護念諸菩薩 善付囑諸菩薩
희유 세존 여래 선호념제보살 선부촉제보살

鳩摩羅什	世尊 善男子 善女人 세존 선남자 선여인	1) 發阿耨多羅三藐三菩提心 발아누다라삼먁삼보리심
	2) 應云何住 ＊＊＊＊＊＊＊ 응운하주	云何降伏其心 운하항복기심

定本	世尊 善男子 善女人 세존 선남자 선여인		發菩薩乘 발보살승
	應云何住 응운하주	云何修行 운하수행	云何降伏其心 운하항복기심

校勘 1:

【羅 什】	發	阿耨多羅三藐三菩提心	
【流 支】	發	阿耨多羅三藐三菩提心	
【眞 諦】	發	阿耨多羅三藐三菩提心	行菩薩乘
【笈 多】		菩薩乘發行	
【玄 奘】	發趣菩薩乘者		
【義 淨】	發趣菩薩乘者		
【梵語1】	(發	菩薩乘)	
【梵語2】	(發	菩薩乘)	
【藏 語】	(發	菩薩乘)	
【蒙古語】	(發	菩薩乘)	
【定 本】	發	菩薩乘	

校勘 2:

【羅 什】	應云何 住	*******	云何降伏其心
【流 支】	應云何 住	云何修行	云何降伏其心
【眞 諦】	云何應住	云何修行	云何發起菩薩心
【笈 多】	云何 住應	云何修行應	云何心降伏應
【玄 奘】	應云何 住	云何修行	云何攝伏其心
【義 淨】	云何應住	云何修行	云何攝伏其心
【梵語1】	(應云何 住	云何修行	云何降伏其心)
【梵語2】	(應云何 住	云何修行	云何降伏其心)
【藏 語】	(應云何 住	云何修行	云何降伏其心)
【蒙古語】	(應云何 住	云何修行	云何降伏其心)
【定 本】	應云何 住	云何修行	云何降伏其心

鳩摩羅什	1)佛言 善哉善哉 須菩提 如汝所說 　불언 　선재선재 　수보리 　여여소설 如來 善護念諸菩薩 善付囑諸菩薩 여래 　선호념제보살 　선부촉제보살
定本	善哉善哉 須菩提 　如汝所說 　선재선재 　수보리 　여여소설 如來 善護念諸菩薩 善付囑諸菩薩 여래 　선호념제보살 　선부촉제보살

校勘 1: '佛言 佛告 須菩提言 須菩提白佛言' 等 削除

鳩摩羅什	1)***** 　汝今諦聽 　當爲汝說 　善男子 善女人 　　　　　여금제청 　당위여설 　선남자 선여인 2)發阿耨多羅三藐三菩提心 3)應如是住 ***** 如是降伏其心 　발아누다라삼먁삼보리심 　응여시주 　　　여시항복기심
定本	須菩提 汝今諦聽 當爲汝說 　善男子 善女人 수보리 　여금제청 당위여설 　선남자 선여인 發菩薩乘 　　　　應如是住 如是修行 如是降伏其心 발보살승 　　　　응여시주 여시수행 여시항복기심

14

校勘 1:

【羅　什】	*******
【流　支】	*******
【眞　諦】	湏菩提
【笈　多】	善實
【玄　奘】	善現
【義　淨】	妙生
【梵語1】	(湏菩提)
【梵語2】	(湏菩提)
【藏　語】	(湏菩提)
【蒙古語】	(湏菩提)
【定　本】	**湏菩提**

校勘 2:
2 / ③ 參考

【羅　什】	發　阿耨多羅三藐三菩提心
【流　支】	發　阿耨多羅三藐三菩提心
【眞　諦】	發　阿耨多羅三藐三菩提心　　行菩薩乘
【笈　多】	菩薩乘發行
【玄　奘】	發趣菩薩乘者
【義　淨】	發趣菩薩乘者
【梵語1】	(發　菩薩乘)
【梵語2】	(發　菩薩乘)
【藏　語】	(發　菩薩乘)
【蒙古語】	(發　菩薩乘)
【定　本】	**發　菩薩乘**

【羅 什】	應如是　住	*****	如是降伏其心
【流 支】	應如是　住	如是修行	如是降伏其心
【眞 諦】	如是應住	如是修行	如是發心
【笈 多】	如　　住應 如	修行應	如心降伏應
【玄 奘】	應如是　住	如是修行	如是攝伏其心
【義 淨】	應如是　住	如是修行	如是攝伏其心
【梵語1】	(應如是　住	如是修行	如是降伏其心)
【梵語2】	(應如是　住	如是修行	如是降伏其心)
【藏 語】	(應如是　住	如是修行	如是降伏其心)
【蒙古語】	(應如是　住	如是修行	如是降伏其心)
【定 本】	應如是　住	如是修行	如是降伏其心

唯然 世尊 願樂欲聞
유연 세존 원요욕문

三. 大乘正宗分
삼   대 승 정 종 분

鳩摩羅什

1) 佛告 湏菩提 2) 諸菩薩摩訶薩 3) 應如是降伏其心
불고 수보리   제보살마하살   응여시항복기심

所有一切衆生之類 若卵生 若胎生 若濕生 若化生 若有色 若無色
소유일체중생지류 약난생 약태생 약습생 약화생 약유색 약무색

若有想 若無想 若非有想非無想 我皆令入 無餘涅槃 而滅度之
약유상 약무상 약비유상비무상 아개영입 무여열반 이멸도지

定本

湏菩提 善男子善女人 發菩薩乘 應生如是心
수보리 선남자선여인 발보살승 응생여시심

所有一切衆生之類 若卵生 若胎生 若濕生 若化生 若有色 若無色
소유일체중생지류 약난생 약태생 약습생 약화생 약유색 약무색

若有想 若無想 若非有想非無想 我皆令入 無餘涅槃 而滅度之
약유상 약무상 약비유상비무상 아개영입 무여열반 이멸도지

校勘 1: '佛言 佛告 湏菩提言 湏菩提白佛言' 等 削除

校勘 2:   2 / ③ 參考

【羅 什】	諸菩薩摩訶薩			
【流 支】	諸菩薩			
【眞 諦】	善男子 善女人	發	菩提心行	菩薩乘
【笈 多】			菩薩乘發行	
【玄 奘】	諸有	發趣	菩薩乘者	

【義 淨】	若有	發趣	菩薩乘者
【梵語1】	(諸有	發	菩薩乘)
【梵語2】	(諸有	發	菩薩乘)
【藏 語】	(諸有	發	菩薩乘)
【蒙古語】	(諸有	發	菩薩乘)
【定 本】	善男子 善女人	發	菩薩乘

校勘 3:

【羅 什】	應如是	降伏其心
【流 支】		生如是心
【眞 諦】	應如是	發 心
【笈 多】	如是心	發生應
【玄 奘】	應當	發趣如是之心
【義 淨】	當	生如是心
【梵語1】	(應	生如是心)
【梵語2】	(應	生如是心)
【藏 語】	(應	生如是心)
【蒙古語】	(應	生如是心)
【定 本】	應	生如是心

	3 / ②				
鳩摩羅什	如是滅度 여시멸도	1)無量無數 무량무수	無邊衆生 무변중생	實無衆生 실무중생	得滅度者 득멸도자
定本	如是滅度 여시멸도	無量 무량	衆生 중생	實無衆生 실무중생	得滅度者 득멸도자

18

校勘 1:

【羅 什】	無量 無數 無邊	衆生
【流 支】	無量無邊	衆生
【眞 諦】	無量	衆生
【笈 多】	無量	衆生
【玄 奘】	無量	有情
【義 淨】	無量	衆生
【梵語1】	(無量	衆生)
【梵語2】	(無量	衆生)
【藏 語】	(無量	衆生)
【蒙古語】	(無量	衆生)
【定 本】	無量	衆生

---

3 / ③

鳩摩羅什	何以故 1)*** **** ***** ****** 하 이 고
定本	何以故 湏菩提 若菩薩 有衆生相 卽不名菩薩 하 이 고 수 보 리 약 보 살 유 중 생 상 즉 불 명 보 살

校勘 1:

【羅 什】	**			
【流 支】	湏菩提 若菩薩	有衆生相	卽非	菩薩
【眞 諦】	湏菩提 若菩薩	有衆生想	卽不應說名爲	菩薩
【笈 多】	若善實 菩薩摩訶薩	衆生想轉	不彼菩薩摩訶薩名說應	
【玄 奘】	善現 若諸菩薩摩訶薩	有情想轉	不應說名菩薩摩訶薩	
【義 淨】	妙生 若菩薩	有衆生想者	則不名	菩薩
【梵語1】	(湏菩提 若菩薩	有衆生相	卽不名	菩薩)

【梵語2】	(湏菩提 若菩薩	有衆生相	卽不名	菩薩)
【藏 語】	(湏菩提 若菩薩	有衆生相	卽不名	菩薩)
【蒙古語】	(湏菩提 若菩薩	有衆生相	卽不名	菩薩)
【定 本】	湏菩提 若菩薩	有衆生相	卽不名菩薩	

---

3 / ④ 鳩摩羅什 = 定本

湏菩提 若菩薩 有我相 人相 衆生相 壽者相 卽非菩薩
수보리 약보살 유아상 인상 중생상 수자상 즉비보살

四. 妙行無住分
사 묘행무주분

	4 / ①
鳩摩羅什	復次 湏菩提 1)菩薩 於法 應無所住 行於布施 부차 수보리 보살 어법 응무소주 행어보시
定本	復次 湏菩提 菩薩 於事 應無所住 行於布施 부차 수보리 보살 어사 응무소주 행어보시

校勘 1:

【羅 什】	菩薩		於法	應無所住
【流 支】	菩薩	不住於事		
【眞 諦】	菩薩	不著已類		
【笈 多】	菩薩摩訶薩		事	住
【玄 奘】	若菩薩摩訶薩	不住於事		
【義 淨】	菩薩	不住於事		
【梵語1】	(菩薩		於事	應無所住)
【梵語2】	(菩薩		於事	應無所住)
【藏 語】	(菩薩		於事	應無所住)
【蒙古語】	(菩薩		於事	應無所住)
【定 本】	菩薩		於事	應無所住

所謂 不住色布施 不住聲香味觸法布施
소위　부주색보시　부주성향미촉법보시

須菩提 菩薩 應如是布施 不住於相
수보리　보살　응여시보시　부주어상

何以故　若菩薩 不住相布施 其福德 不可思量
하이고　약보살　부주상보시　기복덕　불가사량

須菩提 於意云何 東方虛空 可思量 不
수보리　어의운하　동방허공　가사량　부

不也 世尊
불야　세존

須菩提 南西北方 四維 上下 虛空 可思量 不
수보리　남서북방　사유　상하　허공　가사량　부

不也 世尊
불야　세존

須菩提 菩薩 無住相布施福德 亦復如是 不可思量
수 보 리　보 살　무 주 상 보 시 복 덕　역 부 여 시　불 가 사 량

---

4 / ⑩

鳩摩羅什	須菩提 菩薩 수 보 리　보 살	1)但應如所教住 단 응 여 소 교 주
定本	須菩提 菩薩 수 보 리　보 살	應如是布施 不住於相 응 여 시 보 시　부 주 어 상

校勘:　　　　　　　　　　4 / ③ 參考

【羅 什】	但應如所		教住
【流 支】	但應如是	行於布施	
【眞 諦】	*****************		
【笈 多】	如是菩薩乘發行施與應 如不相想亦住		
【玄 奘】	如是		如不住相想 應行布施
【義 淨】	***************************		
【梵語1】	(應如是布施		不住於相)
【梵語2】	(應如是布施		不住於相)
【藏 語】	(應如是布施		不住於相)
【蒙古語】	(應如是布施		不住於相)
【定 本】	應如是布施		不住於相

五. 如理實見分
오 여리실견분

---

5 / ① 鳩摩羅什 = 定本

須菩提 於意云何 可以身相 見如來 不
수 보 리 어 의 운 하 가 이 신 상 견 여 래 부

---

5 / ② 鳩摩羅什 = 定本

不也 世尊 不可 以身相 得見如來
불 야 세 존 불 가 이 신 상 득 견 여 래

---

5 / ③ 鳩摩羅什 = 定本

何以故 如來所說 身相 卽非身相
하 이 고 여 래 소 설 신 상 즉 비 신 상

---

5 / ④

鳩摩羅什	1) 佛告 須菩提 불고 수보리	凡所有相 皆是虛妄 범 소 유 상 개 시 허 망
	2) 若見** ***** 약 견	諸相非相 則見如來 제 상 비 상 즉 견 여 래
定本	須菩提 수 보 리	凡所有相 皆是虛妄 범 소 유 상 개 시 허 망
	若見非相 則非虛妄 약 견 비 상 즉 비 허 망	諸相非相 則見如來 제 상 비 상 즉 견 여 래

24

校勘 1: '佛言 佛告 湏菩提言 湏菩提白佛言' 等 削除

校勘 2:

【羅 什】	若見****	*********	諸相非相	則見如來
【流 支】	若見諸相非相	則非妄語	如是諸相非相	則見如來
【眞 諦】	無所有相	卽是眞實	由相無相	應見如來 如是說已
【笈 多】	所有不相具足	所有不妄名	此相不相	如來見應
【玄 奘】	非相具足	皆非虛妄 如是	以相非相	應觀如來 說是語已
【義 淨】	若無勝相	卽非虛妄是故應以勝相無相		觀於如來
【梵語1】	(若見非相	則非虛妄	諸相非相	則見如來)
【梵語2】	(若見非相	則非虛妄	諸相非相	則見如來)
【藏 語】	(若見非相	則非虛妄	諸相非相	則見如來)
【蒙古語】	(若見非相	則非虛妄	諸相非相	則見如來)
【定 本】	若見非相	則非虛妄	諸相非相	則見如來

六. 正信希有分
육 정신희유분

鳩摩羅什	1)湏菩提白佛言 世尊 2)頗有衆生 ＊＊＊＊ 得聞
	수보리백불언　세존　파유중생　　　　득문
	如是言說章句　生實信 不
	여시언설장구　생실신　부
定本	世尊 頗有衆生　於未來世 得聞
	세존　파유중생　어미래세　득문
	如是言說章句　生實信 不
	여시언설장구　생실신　부

校勘 1: '佛言 佛告 湏菩提言 湏菩提白佛言' 等 削除

校勘 2:

【羅 什】	頗有衆生	＊＊＊＊＊	得聞
【流 支】	頗有衆生	於　未來世末世	得聞
【眞 諦】	頗有菩薩	於今現時及未來世 頗有菩薩	聽聞正說
【笈 多】	頗有衆生	當有未來世	轉時中 若此中
【玄 奘】	頗有有情	於當　來世　　　　分轉時	聞 說
【義 淨】	頗有衆生	於當　來世	開說
【梵語1】	(頗有衆生	於　未來世	得聞)
【梵語2】	(頗有衆生	於　未來世	得聞)
【藏 語】	(頗有衆生	於　未來世	得聞)
【蒙古語】	(頗有衆生	於　未來世	得聞)
【定 本】	頗有衆生	於　未來世	得聞

鳩摩羅什	1) 佛告 湏菩提 莫作是說. 如來滅後 後五百歲 불고 수보리 막작시설 여래멸후 후오백세 2) 有持戒修福***者 於此章句 能生信心 以此爲實 유지계수복 자 어차장구 능생신심 이차위실
定本	湏菩提 莫作是說. 如來滅後 後五百歲 수보리 막작시설 여래멸후 후오백세 有持戒修福智慧者 於此章句 能生信心 以此爲實 유지계수복지혜자 어차장구 능생신심 이차위실

校勘 1: '佛言 佛告 湏菩提言 湏菩提白佛言' 等 削除

校勘 2:

【羅 什】	有持戒	修福	***者
【流 支】	有持戒	修福德	智慧者
【眞 諦】	持戒	修福 及	有智慧
【笈 多】	戒究竟	功德究竟	智慧究竟
【玄 奘】	具足尸羅	具德	具慧
【義 淨】	具 戒	具德	具慧
【梵語1】	(有持戒	修福	智慧者)
【梵語2】	(有持戒	修福	智慧者)
【藏 語】	(有持戒	修福	智慧者)
【蒙古語】	(有持戒	修福	智慧者)
【定 本】	有持戒	修福	智慧者

六. 正信希有分 27

鳩摩羅什	1)當知 是人 2)不於一佛二佛三四五佛 而種善根已 당지 시인　불어일불이불삼사오불　이종선근이 3)於無量千萬佛所 種諸善根 聞是章句 乃至 一念生淨信者 어무량천만불소　종제선근 문시장구 내지 일념생정신자
定本	是人 不於一佛　　　　　　而種善根已 시인　불어일불　　　　　이종선근이 於百千萬佛所 種諸善根 聞是章句 乃至 一念生淨信者 어백천만불소　종제선근 문시장구 내지 일념생정신자

校勘 1:

【羅 什】	當知
【流 支】	*****
【眞 諦】	*****
【笈 多】	*****
【玄 奘】	*****
【義 淨】	*****
【梵語1】	(*****)
【梵語2】	(*****)
【藏 語】	(*****)
【蒙古語】	(*****)
【定 本】	*****

校勘 2:

【羅 什】	不於一佛二佛三四五佛
【流 支】	非於一佛二佛三四五佛所
【眞 諦】	非於一佛
【笈 多】	不　一佛
【玄 奘】	非於一佛所
【義 淨】	非於一佛
【梵語1】	(不於一佛)
【梵語2】	(不於一佛)
【藏 語】	(不於一佛)
【蒙古語】	(不於一佛)
【定 本】	不於一佛

校勘 3:

【羅 什】	於無量	千萬	佛所
【流 支】	無量	百千萬諸	佛所
【眞 諦】	於無量百千		佛所
【笈 多】		百千	佛
【玄 奘】		百千	佛所
【義 淨】	於無量百千		佛所
【梵語1】	(	百千萬	佛所)
【梵語2】	(	百千萬	佛所)
【藏 語】	(	百千萬	佛所)
【蒙古語】	(	百千萬	佛所)
【定 本】	於	百千萬	佛所

鳩摩羅什	湏菩提 如來 悉知悉見 是諸衆生 ₁)得如是無量福德
	수보리 여래 실지실견 시제중생 득 여 시 무 량 복 덕
定本	湏菩提 如來 悉知悉見 是諸衆生 得 無量福德
	수보리 여래 실지실견 시제중생 득 무 량 복 덕

校勘 1:

【羅 什】	得如是 無量		福德
【流 支】	生如是 無量		福德聚
【眞 諦】	生長 無量		福德之聚
【笈 多】	生 無量		福聚
【玄 奘】	生 無量無數		福聚
【義 淨】	當生當攝 無量		福聚
【梵語1】	(得 無量無數		福德)
【梵語2】	(得 無量無數		福德)
【藏 語】	(得 無量		福德)
【蒙古語】	(得 無量		福德)
【定 本】	得 無量		福德

何以故 是諸衆生 無復我相 人相 衆生相 壽者相
하 이 고 시 제 중 생 무 부 아 상 인 상 중 생 상 수 자 상

無法相 亦無非法相
무 법 상 역 무 비 법 상

鳩摩羅什	何以故 是諸衆生 1)若心取相 則爲着我人衆生壽者 하 이 고 시 제 중 생 약 심 취 상 즉 위 착 아 인 중 생 수 자 若取法相 卽着我人衆生壽者 何以故 若取非法相 약 취 법 상 즉 착 아 인 중 생 수 자 하 이 고 약 취 비 법 상 卽着我人衆生壽者 즉 착 아 인 중 생 수 자
定本	何以故 是諸衆生 하 이 고 시 제 중 생 若取法相 卽着我人衆生壽者 何以故 若取非法相 약 취 법 상 즉 착 아 인 중 생 수 자 하 이 고 약 취 비 법 상 卽着我人衆生壽者 즉 착 아 인 중 생 수 자

校勘 1:

【羅 什】	若心取相 則爲着我人衆生壽者
【流 支】	************************
【眞 諦】	************************
【笈 多】	************************
【玄 奘】	************************
【義 淨】	************************
【梵語1】	(***********************)
【梵語2】	(***********************)
【藏 語】	(***********************)
【蒙古語】	(***********************)
【定 本】	************************

鳩摩羅什	1)是故 **** 不應取法 不應取非法 시 고 불 응 취 법 불 응 취 비 법
定本	是故 菩薩 不應取法 不應取非法. 시 고 보 살 불 응 취 법 불 응 취 비 법

校勘 1:

【羅 什】	是故 ****	不應取法	不應取非法
【流 支】		不應取法	非不取非法
【眞 諦】	是故 菩薩	不應取法	不應取非法
【笈 多】	菩薩摩訶薩	不法取應	不應取非法
【玄 奘】		不應取法	不應取非法
【義 淨】	是故 菩薩	不應取法	不應取非法
【梵語1】	(是故 菩薩	不應取法	不應取非法)
【梵語2】	(是故 菩薩	不應取法	不應取非法)
【藏 語】	(是故 菩薩	不應取法	不應取非法)
【蒙古語】	(是故 菩薩	不應取法	不應取非法)
【定 本】	是故 菩薩	不應取法	不應取非法

以是義故 如來常說 汝等比丘 知我說法 如筏喩者
이 시 의 고 여 래 상 설 여 등 비 구 지 아 설 법 여 벌 유 자

法尙應捨 何況非法
법 상 응 사 하 황 비 법

七. 無得無說分
칠   무 득 무 설 분

---

7 / ①

鳩摩羅什	湏菩提 於意云何 1)*** 　如來得 阿耨多羅三藐三 수보리 어의운하　　　　　여래득 아누다라삼먁삼 菩提耶 ***　如來有 所說法耶 보리야　　　여래유 소설법야
定本	湏菩提, 於意云何　有法　如來得 阿耨多羅三藐三 수보리 어의운하　유법　여래득 아누다라삼먁삼 菩提耶 有法　如來有 所說法耶 보리야 유법　여래유 소설법야

校勘 1:　　　　　　　　　　7 / ② 參考

【羅什】	如來	得阿耨多羅三藐三菩提耶	如來有所說	法耶
【流 支】	如來	得阿耨多羅三藐三菩提耶	如來有所說	法耶
【眞 諦】	如來	得阿耨多羅三藐三菩提耶	如來有所說	法耶
【笈 多】	有如來應正遍知 證覺無上正遍知證覺	有復法	如來說	
【玄 奘】	頗有少法如來應正等覺 證得	頗有少法	如來應正等覺 是所說耶	
【義 淨】	如來	於無上菩提 有所證不	復有少法	是所說 不
【梵語1】	(有法 如來	得 阿耨多羅三藐三菩提耶	有法	如來有 所說法耶)
【梵語2】	(有法 如來	得 阿耨多羅三藐三菩提耶	有法	如來有 所說法耶)
【藏 語】	(有法 如來	得 阿耨多羅三藐三菩提耶	有法	如來有 所說法耶)
【蒙古語】	(有法 如來	得 阿耨多羅三藐三菩提耶	有法	如來有 所說法耶)
【定 本】	有法 如來	得 阿耨多羅三藐三菩提耶	有法	如來有 所說法耶

鳩摩羅什	1)須菩提言 2)*** 如我解佛所說義 수 보 리 언 　　　여 아 해 불 소 설 의 無有定法 名阿耨多羅三藐三菩提 亦 無有定法 如來可說 무 유 정 법 명 아 누 다 라 삼 먁 삼 보 리 역 무 유 정 법 여 래 가 설
定本	世尊 如我解佛所說義 세 존 　여 아 해 불 소 설 의 無有定法 名阿耨多羅三藐三菩提 亦 無有定法 如來可說 무 유 정 법 명 아 누 다 라 삼 먁 삼 보 리 역 무 유 정 법 여 래 가 설

校勘 1: ‘佛言 佛告 須菩提言 須菩提白佛言’ 等 削除

校勘 2:

【羅 什】	*****
【流 支】	*****
【眞 諦】	*****
【笈 多】	世尊
【玄 奘】	世尊
【義 淨】	*****
【梵語1】	(世尊)
【梵語2】	(世尊)
【藏 語】	(世尊)
【蒙古語】	(世尊)
【定 本】	世尊

何以故 如來所說法 皆不可取 不可說
하 이 고   여 래 소 설 법   개 불 가 취   불 가 설

非法 非非法
비 법   비 비 법

所以者何 一切賢聖 皆以無爲法 而有差別
소 이 자 하   일 체 현 성   개 이 무 위 법   이 유 차 별

八. 依法出生分
팔　의법출생분

須菩提 於意云何 若人滿三千大千世界七寶 以用布施 是
수보리 어의운하 약인만삼천대천세계칠보 이용보시 시

人所得福德 寧爲多 不
인소득복덕 영위다 부

---

8 / ②

鳩摩羅什	1)須菩提言 甚多 世尊 何以故 是福德 卽非福德性 수보리언 심다 세존 하이고 시복덕 즉비복덕성 是故 如來說 福德多 시고 여래설 복덕다
定本	甚多 世尊 何以故 是福德 卽非福德性 심다 세존 하이고 시복덕 즉비복덕성 是故 如來說 福德多 시고 여래설 복덕다

校勘 1: '佛言 佛告 須菩提言 須菩提白佛言' 等 削除

36

鳩摩羅什	1) * * *　若復有人　於此經中　受持　乃至　四句偈等 　　　　　약부유인　어차경중　수지　내지　사구게등 爲他人說　其福勝彼 위타인설　기복승피
定本	湏菩提　若復有人　於此經中　受持　乃至　四句偈等 수보리　약부유인　어차경중　수지　내지　사구게등 爲他人說　其福勝彼 위타인설　기복승피

校勘 1:

【羅　什】	*****　若復有人
【流　支】	湏菩提　若復
【眞　諦】	湏菩提　若復有人
【笈　多】	善實　若
【玄　奘】	善現　若善男子或善女人
【義　淨】	妙生　若復有人
【梵語1】	(湏菩提　若復有人)
【梵語2】	(湏菩提　若復有人)
【藏　語】	(湏菩提　若復有人)
【蒙古語】	(湏菩提　若復有人)
【定　本】	湏菩提　若復有人

何以故 須菩提 一切諸佛 及 諸佛阿耨多羅三藐三
하 이 고　수 보 리　일 체 제 불　급　제 불 아 누 다 라 삼 먁 삼

菩提法 皆從此經出
보 리 법　개 종 차 경 출

---

8 / ⑤

鳩摩羅什	須菩提 ₁₎所謂 佛法者 卽非佛法 ＊＊＊＊＊			
	수 보 리　소 위　불 법 자　즉 비 불 법			
定本	須菩提 所謂 佛法者 卽非佛法 是名佛法			
	수 보 리　소 위　불 법 자　즉 비 불 법　시 명 불 법			

校勘 1:

【羅 什】	所謂 佛法者	卽非佛法	＊＊＊＊＊
【流 支】	所謂 佛法者	卽非佛法	＊＊＊＊＊
【眞 諦】	所言 佛法者	卽非佛法	是名佛法
【笈 多】	佛法者 善實	非佛法	如是彼故說名佛法者
【玄 奘】	諸佛法者 如來說	爲非諸佛法	是故如來說名諸佛法
【義 淨】	佛法者 如來說	非佛法	是名佛法
【梵語1】	(所謂 佛法者	卽非佛法	是名佛法)
【梵語2】	(所謂 佛法者	卽非佛法	是名佛法)
【藏 語】	(所謂 佛法者	卽非佛法	是名佛法)
【蒙古語】	(所謂 佛法者	卽非佛法	是名佛法)
【定 本】	所謂 佛法者	卽非佛法	是名佛法

九. 一相無相分
구　일 상 무 상 분

---

9 / ① 鳩摩羅什 = 定本

須菩提 於意云何 須陁洹 能作是念 我得須陁洹果 不
수 보 리　어 의 운 하　수 다 원　능 작 시 념　아 득 수 다 원 과　부

---

9 / ②

鳩摩羅什	
1) 須菩提言 不也 世尊 何以故 須陁洹 名爲入流 而 수 보 리 언　불 야　세 존　하 이 고　수 다 원　명 위 입 류　이 無所入 2) * * * * *　　不入色聲香味觸法 是名須陁洹 무 소 입　　　　　　　　　불 입 색 성 향 미 촉 법　시 명 수 다 원

定本	
不也 世尊 何以故 須陁洹 名爲入流 而 불 야　세 존　하 이 고　수 다 원　명 위 입 류　이 無所入 是名須陁洹. 不入色聲香味觸法 是名須陁洹 무 소 입　시 명 수 다 원　불 입 색 성 향 미 촉 법　시 명 수 다 원

校勘 1: '佛言 佛告 須菩提言 須菩提白佛言' 等 削除

校勘 2:

【羅 什】	* * * * * * * * * *
【流 支】	名　須陁洹
【眞 諦】	故說　須陁洹
【笈 多】	故說名 流入

【玄 奘】	故名	預流
【義 淨】	故名	預流
【梵語1】	(是名	須陁洹)
【梵語2】	(是名	須陁洹)
【藏 語】	(是名	須陁洹)
【蒙古語】	(是名	須陁洹)
【定 本】	**是名**	**須陁洹**

---

9 / ③ 鳩摩羅什 = 定本

須菩提 於意云何 斯陁含 能作是念 我得斯陁含果 不
수보리 어의운하 사다함 능작시념 아득사다함과 부

---

9 / ④

| 鳩摩羅什 | 1)須菩提言 不也 世尊 何以故 斯陁含 名一往來
수보리언 불야 세존 하이고 사다함 명일왕래

而實無往來 是名斯陁含
이실무왕래 시명사다함 |
| 定本 | 不也 世尊 何以故 斯陁含 名一往來
불야 세존 하이고 사다함 명일왕래

而實無往來 是名斯陁含
이실무왕래 시명사다함 |

校勘 1: '佛言 佛告 須菩提言 須菩提白佛言' 等 削除

---

9 / ⑤ 鳩摩羅什 = 定本

須菩提 於意云何 阿那含 能作是念 我得阿那含果 不
수보리 어의운하 아나함 능작시념 아득아나함과 부

鳩摩羅什	1)須菩提言 不也 世尊 何以故 阿那含 名爲不來 수보리언 불야 세존 하이고 아나함 명위불래 2)而實無不來 是故 名阿那含 이실무불래 시고 명아나함
定本	不也 世尊 何以故 阿那含 名爲不來 불야 세존 하이고 아나함 명위불래 而實無不來 是故 名阿那含 이실무불래 시고 명아나함

校勘 1: '佛言 佛告 須菩提言 須菩提白佛言' 等 削除

校勘 2:

【羅 什】	而實無(不)來
【流 支】	實無有法　名阿那含
【眞 諦】	實無所有能至不來
【笈 多】	若　不來入彼
【玄 奘】	以無少法　證不還性
【義 淨】	由彼無有少法 證不還性
【梵語1】	(而實無不來)
【梵語2】	(而實無不來)
【藏 語】	(而實無不來)
【蒙古語】	(而實無不來)
【定 本】	而實無不來

須菩提 於意云何 阿羅漢 能作是念 我得阿羅漢道 不
수 보 리　어 의 운 하　아 라 한　능 작 시 념　아 득 아 라 한 도　부

鳩摩羅什	1) 須菩提言 不也 世尊 何以故 實無有法 名阿羅漢 수 보 리 언　불 야　세 존　하 이 고　실 무 유 법　명 아 라 한
定本	不也 世尊 何以故 實無有法 名阿羅漢 불 야　세 존　하 이 고　실 무 유 법　명 아 라 한

校勘 1: '佛言 佛告 須菩提言 須菩提白佛言' 等 削除

世尊 若阿羅漢作是念 我得阿羅漢道 卽爲着我人衆生壽者
세 존　약 아 라 한 작 시 념　아 득 아 라 한 도　즉 위 착 아 인 중 생 수 자

鳩摩羅什	世尊 佛說 我得無諍三昧人中 寂爲第一 是第一離欲 세 존　불 설　아 득 무 쟁 삼 매 인 중　최 위 제 일　시 제 일 이 욕 阿羅漢 1)**　我不作是念 我是離欲阿羅漢 아 라 한　　　아 불 작 시 념　아 시 이 욕 아 라 한
定本	世尊 佛說 我得無諍三昧人中 寂爲第一 是第一離欲 세 존　불 설　아 득 무 쟁 삼 매 인 중　최 위 제 일　시 제 일 이 욕 阿羅漢　而　我不作是念 我是離欲阿羅漢 아 라 한　이　아 불 작 시 념　아 시 이 욕 아 라 한

校勘 1:

【羅 什】	我	不作是念	我 是	離欲阿羅漢
【流 支】	我	不作是念	我 是	離欲阿羅漢
【眞 諦】	我亦	不作是念	我 是	阿羅漢
【笈 多】	我	不如是念	我 此	應者
【玄 奘】	而我	未曾作如是念	我 得	阿羅漢 永離貪欲
【義 淨】	而實	未曾作如是念	我 是	阿羅漢
【梵語1】	(而我	不作是念	我 是	離欲阿羅漢)
【梵語2】	(而我	不作是念	我 是	離欲阿羅漢)
【藏 語】	(而我	不作是念	我 是	離欲阿羅漢)
【蒙古語】	(而我	不作是念	我 是	離欲阿羅漢)
【定 本】	而我	不作是念	我 是	離欲阿羅漢

9 / ⑪ ⑫

鳩摩羅什

世尊 我若作是念 我得阿羅漢道 世尊則不說
세존 아약작시념 아득아라한도 세존즉불설

"須菩提 是樂阿蘭那行者
수보리 시요아란나행자

以須菩提 實無所行 而名 須菩提 是樂阿蘭那行"
이수보리 실무소행 이명 수보리 시요아란나행

定本

⑪世尊 我若作是念 我得阿羅漢道 世尊則不說
세존 아약작시념 아득아라한도 세존즉불설

"須菩提 是樂阿蘭那行者"
수보리 시요아란나행자

⑫以須菩提 實無所行 而名 "須菩提 是樂阿蘭那行"
이수보리 실무소행 이명 수보리 시요아란나행

校勘 1: ⑪ 文章, ⑫ 文章 區分

十. 莊嚴淨土分
십 장엄정토분

鳩摩羅什	1) 佛告 須菩提 於意云何 如來昔在 然燈佛所 불고 수보리 어의운하 여래석재 연등불소 2) 於法 有所得 ＊＊＊＊＊＊＊＊＊ 不 어법 유소득 부
定本	須菩提 於意云何 如來昔在 然燈佛所 수보리 어의운하 여래석재 연등불소 於法 有所得 阿耨多羅三藐三菩提 不 어법 유소득 아누다라삼막삼보리 부

校勘 1: '佛言 佛告 須菩提言 須菩提白佛言' 等 削除

校勘 2: 17 / ⑥~⑩ 參考

【羅 什】		於法	有所得		不
【流 支】			得阿耨多羅三藐三菩提法		不
【眞 諦】		頗有一法	如來所取		不
【笈 多】		有一法	受取		
【玄 奘】		頗於少法	有所取		不
【義 淨】		頗有少法	是可取		不
【梵語1】	(	於法	有所得		不)
【梵語2】	(	於法	有所得		不)
【藏 語】	(	於法	有所得		不)
【蒙古語】	(	於法	有所得		不)
【定 本】		於法	有所得 阿耨多羅三藐三菩提		不

鳩摩羅什	

1)不也 世尊　如來在 然燈佛所 2)於法 實無所得
　불야 세존　여래재 연등불소　어법 실무소득

＊＊＊＊＊＊＊

| 定本 | |

不也 世尊　如來在 然燈佛所 於法 實無所得
불야 세존　여래재 연등불소 어법 실무소득

阿耨多羅三藐三菩提
아 누 다 라 삼 먁 삼 보 리

校勘 1: (不也) 世尊

校勘 2:　　　　　　　　　　17 / ⑥~⑩ 參考

【羅 什】	於法	實無所得	＊＊＊＊＊
【流 支】	於法	實無所得	阿耨多羅三藐三菩提
【眞 諦】	實無有法	如來所取	
【笈 多】	無一法	受取	
【玄 奘】	都無少法	而有所取	
【義 淨】		實無可取	
【梵語1】	（ 於法	實無所得	）
【梵語2】	（ 於法	實無所得	）
【藏 語】	（ 於法	實無所得	）
【蒙古語】	（ 於法	實無所得	）
【定 本】	於法	實無所得	阿耨多羅三藐三菩提

③-1 佛言 / ③-2 湏菩提言

鳩摩羅什		
湏菩提 1)於意云何 菩薩 莊嚴佛土 不 수 보 리　어 의 운 하 보 살 장 엄 불 토 부		不也 世尊 불 야 세 존

佛言

定本		
湏菩提 若菩薩 作如是言 我當 莊嚴佛土 수 보 리 약 보 살 작 여 시 언 아 당 장 엄 불 토		彼菩薩 不實語 피 보 살 불 실 어

校勘 1:　　　　　　　　　(③-1 佛言 / ③-2 湏菩提言 → 佛言)

【羅　什】 於意云何　　菩薩　　　莊嚴佛土 不　　　　不也 世尊

【流　支】 若 菩薩作是言　　我莊嚴佛國土　　　　彼菩薩不實語

【眞　諦】 若有菩薩作如是言　我當莊嚴淸淨佛土　而此菩薩說虛妄言

【笈　多】 若有善實菩薩摩訶薩 如是語我國土莊嚴成就我者 彼不如語

【玄　奘】 若有菩薩作如是言　　我當成辦佛土功德莊嚴　如是菩薩非眞實語

【義　淨】 若有菩薩 作如是語　我當成就莊嚴國土者　此爲妄語

【梵語1】 (若　菩薩 作如是言　　我當莊嚴佛土　　　彼菩薩不實語)

【梵語2】 (若　菩薩 作如是言　　我當莊嚴佛土　　　彼菩薩不實語)

【藏　語】 (若　菩薩 作如是言　　我當莊嚴佛土　　　彼菩薩不實語)

【蒙古語】 (若　菩薩 作如是言　　我當莊嚴佛土　　　彼菩薩不實語)

【定　本】　若菩薩 作如是言　　我當莊嚴佛土　　　彼菩薩不實語

鳩摩羅什

須菩提言 繼續

1)何以故 莊嚴佛土者 則非莊嚴 是名莊嚴
하 이 고　장 엄 불 토 자　즉 비 장 엄　시 명 장 엄

定本

佛言 繼續

何以故 莊嚴佛土者 則非莊嚴 是名莊嚴
하 이 고　장 엄 불 토 자　즉 비 장 엄　시 명 장 엄

校勘 1: (須菩提言 繼續 → 佛言 繼續)

是故 須菩提 諸菩薩摩訶薩 應如是生淸淨心 不應住色
시 고　수 보 리　제 보 살 마 하 살　응 여 시 생 청 정 심　불 응 주 색

生心 不應住聲香味觸法生心 應無所住 而生其心
생 심　불 응 주 성 향 미 촉 법 생 심　응 무 소 주　이 생 기 심

須菩提 譬如有人 身如須彌山王 於意云何 是身爲大 不
수 보 리　비 여 유 인　신 여 수 미 산 왕　어 의 운 하　시 신 위 대　부

鳩摩羅什

1)須菩提言 甚大 世尊　何以故 佛說 非身 是名大身
수 보 리 언　심 대　세 존　하 이 고　불 설　비 신　시 명 대 신

定本

甚大 世尊　何以故 佛說 非身 是名大身
심 대　세 존　하 이 고　불 설　비 신　시 명 대 신

校勘 1: '佛言 佛告 須菩提言 須菩提白佛言' 等 削除

十一. 無爲福勝分
십일　무위복승분

| 鳩摩羅什 | 1)須菩提
수보리 | 如恒河中所有沙數 如是沙等恒河
여강가중소유사수　여시사등강가 |
| | 於意云何 是諸恒河沙 寧爲多 不
어의운하　시제강가사　영위다　부 | |

| 定本 | 須菩提 於意云何 如恒河中所有沙數如是沙等恒河
수보리　어의운하　여강가중소유사수여시사등강가 | |
| | 是諸恒河沙 寧爲多 不
시제강가사　영위다　부 | |

校勘 1:

【羅 什】	須菩提	~ ~ ~	於意云何
【流 支】	須菩提	~ ~ ~	於意云何
【眞 諦】	須菩提	汝意云何	~ ~ ~
【笈 多】	彼何意念 善實	彼何意念	~ ~ ~
【玄 奘】	善現	於汝意云何	~ ~ ~
【義 淨】	妙生	於汝意云何	~ ~ ~
【梵語1】	(須菩提	於意云何	~ ~ ~)
【梵語2】	(須菩提	於意云何	~ ~ ~)
【藏 語】	(須菩提	於意云何	~ ~ ~)
【蒙古語】	(須菩提	於意云何	~ ~ ~)
【定 本】	須菩提	於意云何	~ ~ ~

鳩摩羅什	1) 湏菩提言 수보리언	甚多 심다	世尊 세존	但諸恒河 단제강가	尚多無數 상다무수	何況其沙 하황기사
定本		甚多 심다	世尊 세존	但諸恒河 단제강가	尚多無數 상다무수	何況其沙 하황기사

校勘: '佛言 佛告 湏菩提言 湏菩提白佛言' 等 削除

鳩摩羅什	湏菩提 수보리	我今 아금	實言告汝 실언고여	若有善男子 약유선남자	善女人 선여인	以七寶 이칠보
	滿爾所恒河沙數 만이소강가사수		1) 三千大千世界 삼천대천세계	以用布施 이용보시	得福多 득복다	不 부
定本	湏菩提 수보리	我今 아금	實言告汝. 실언고여	若有善男子善女人 약유선남자선여인		以七寶 이칠보
	滿爾所恒河沙數 만이소강가사수		世界 세계	以用布施 이용보시	得福多 득복다	不 부

校勘:

【羅 什】	三千大千	世界	以用布施
【流 支】	*****	世界	以施
【眞 諦】	*****	世界	持施
【笈 多】	*****彼所有	世界	有施與
【玄 奘】	*****	世界	奉施
【義 淨】	*****	世界	奉施
【梵語1】	(*****	世界	以用布施)
【梵語2】	(*****	世界	以用布施)

【藏 語】	(*****	世界	以用布施)
【蒙古語】	(*****	世界	以用布施)
【定 本】		世界	以用布施

---

11 / ④

鳩摩羅什	1)湏菩提言 甚多 世尊 수 보 리 언 심다 세존
定本	甚多 世尊 심다 세존

校勘: '佛言 佛告 湏菩提言 湏菩提白佛言' 等 削除

---

11 / ⑤

鳩摩羅什	1)佛告 湏菩提 若善男子 善女人 於此經中 乃至 불고 수보리 약선남자 선여인 어차경중 내지 受持 四句偈等 爲他人說 而此福德 勝前福德 수지 사구게등 위타인설 이차복덕 승전복덕
定本	湏菩提 若善男子 善女人 於此經中 乃至 수보리 약선남자 선여인 어차경중 내지 受持 四句偈等 爲他人說 而此福德 勝前福德 수지 사구게등 위타인설 이차복덕 승전복덕

校勘 1: '佛言 佛告 湏菩提言 湏菩提白佛言' 等 削除

十二. 尊重正教分
십 이 존 중 정 교 분

12 / ① 鳩摩羅什 = 定本

復次 須菩提 隨說是經 乃至 四句偈等 當知 此處
부차 수보리 수설시경 내지 사구게등 당지 차처

一切世間 天 人 阿修羅 皆應供養 如佛塔廟
일체세간 천 인 아수라 개응공양 여불탑묘

12 / ②

鳩摩羅什	1) 何況有人 盡能受持讀誦 * * * * * 하 황 유 인 진 능 수 지 독 송
定本	何況有人 盡能受持讀誦 爲他人說 하 황 유 인 진 능 수 지 독 송 위 타 인 설

校勘 1:

【羅 什】	何況有人 盡能　受持讀誦	
【流 支】	何況有人 盡能　受持讀誦	
【眞 諦】	何況有人 盡能　受持讀誦	
【笈 多】	何復言 善實　若此法本 持當讀當誦當 他等及分別廣說當	
【玄 奘】	何況有能於具足究竟書寫 受持讀誦 究竟通利 及廣爲他宣說 開示	
【義 淨】	何況　　盡能 受持讀誦	
【梵語1】	(何況有人 盡能　受持讀誦	爲他人說)
【梵語2】	(何況有人 盡能　受持讀誦	爲他人說)
【藏 語】	(何況有人 盡能　受持讀誦	記憶熟考)
【蒙古語】	(何況有人 盡能　受持讀誦	記憶熟考)
【定 本】	何 況有人 盡能　受持讀誦	爲他人說

鳩摩羅什	湏菩提 當知 是人 成就 ₁)冣上 第一希有之法 수보리 당지 시인 성취 최상 제일희유지법
定本	湏菩提 當知 是人 成就 冣上 第一希有功德 수보리 당지 시인 성취 최상 제일희유공덕

校勘 1:   14 / ④ 參考

【羅 什】	冣上第一	希有之法	
【流 支】	冣上第一	希有之法	
【眞 諦】	無上	希有之法	而共相應
【笈 多】	最勝彼	希有	具足當
【玄 奘】	冣勝	希有功德	
【義 淨】	冣上第一	希有	
【梵語1】	(冣上第一	希有	)
【梵語2】	(冣上第一	希有	)
【藏 語】	(冣上第一	希有	)
【蒙古語】	(冣上第一	希有	)
【定 本】	冣上第一	希有功德	

若是經典 所在之處 則爲有佛 若尊重弟子
약시경전 소재지처 즉위유불 약존중제자

十三. 如法受持分
십삼 여법수지분

---

13 / ①

鳩摩羅什	1)爾時 湏菩提白佛言 世尊 當何名此經 我等云何奉持 이시 수보리백불언 세존 당하명차경 아등운하봉지
定本	世尊 當何名此經 我等云何奉持 세존 당하명차경 아등운하봉지

校勘 1 : '佛言 佛告 湏菩提言 湏菩提白佛言 爾時湏菩提白佛言' 等 削除

---

13 / ②

鳩摩羅什	1)佛告 湏菩提 是經 名爲 金剛般若波羅蜜 以是 불고 수보리 시경 명위 금강반야바라밀 이시 名字 汝當奉持 명자 여당봉지
定本	湏菩提 是經 名爲 金剛般若波羅蜜 以是 수보리 시경 명위 금강반야바라밀 이시 名字 汝當奉持 명자 여당봉지

校勘 1 : '佛言 佛告 湏菩提言 湏菩提白佛言' 等 削除

| 鳩摩羅什 | 所以者何 須菩提 佛說 般若波羅蜜
소이자하 수보리 불설 반야바라밀

則非般若波羅蜜 1)是名般若波羅蜜
즉비반야바라밀 시명반야바라밀 |
| 定本 | 所以者何 須菩提 佛說 般若波羅蜜
소이자하 수보리 불설 반야바라밀

則非般若波羅蜜 是名般若波羅蜜
즉비반야바라밀 시명반야바라밀 |

校勘 1:

【羅 什】	(是名般若波羅蜜)
【流 支】	*****
【眞 諦】	*****
【笈 多】	是名般若波羅蜜
【玄 奘】	是名般若波羅蜜
【義 淨】	*****
【梵語1】	(是名般若波羅蜜)
【梵語2】	(是名般若波羅蜜)
【藏 語】	(是名般若波羅蜜)
【蒙古語】	(是名般若波羅蜜)
【定 本】	是名般若波羅蜜

須菩提 於意云何 如來有所說法 不
수 보 리 어 의 운 하 여 래 유 소 설 법 부

---

13 / ⑤

鳩摩羅什	₁₎須菩提白佛言 ₂₎＊ ＊　世尊 如來無所說
	수 보 리 백 불 언　　　세 존 여 래 무 소 설
定本	不也 世尊 如來無所說
	불 야 세 존 여 래 무 소 설

校勘 1: '佛言 佛告 須菩提言 須菩提白佛言' 等 削除

校勘 2:

【羅 什】	＊＊＊＊＊	世尊
【流 支】	＊＊＊＊＊	世尊
【眞 諦】	無有	世尊
【笈 多】	不如此世尊	
【玄 奘】	不也	世尊
【義 淨】	不爾	世尊
【梵語1】	(不也	世尊)
【梵語2】	(不也	世尊)
【藏 語】	(不也	世尊)
【蒙古語】	(不也	世尊)
【定 本】	不也	世尊

須菩提 於意云何 三千大千世界 所有微塵 是爲多 不
수보리 어의운하 삼천대천세계 소유미진 시위다 부

13 / ⑦

鳩摩羅什	⑦-1 須菩提言 / ⑦-2 佛言
	1)須菩提言 甚多 世尊 2)須菩提 諸微塵 如來說 　수보리언　심다　세존　　수보리　제미진　여래설 非微塵 是名微塵 비미진　시명미진

定本	⑦ 須菩提言
	甚多 世尊　何以故 諸微塵 如來說 심다　세존　하이고　제미진　여래설 非微塵 是名微塵 비미진　시명미진

校勘 1:

　　1. '佛言 佛告 須菩提言 須菩提白佛言' 等 削除

　　2. (⑦-1 須菩提言 / ⑦-2 佛言 → ⑦ 須菩提言)

校勘 2:

【羅 什】		須菩提　諸微塵	如來說非微塵	是名 微塵
【流 支】		須菩提 是諸微塵	如來說非微塵	是名 微塵
【眞 諦】	何以故 世尊	此諸微塵	如來說非微塵	故名 微塵
【笈 多】	彼何所因 若(彼世尊)	地塵	如來說非塵 彼如來說彼故說名	地塵者
【玄 奘】	佛言 善現	大地微塵	如來說非微塵 是故如來說名	大地微塵
【義 淨】	何以故	諸地塵	佛說非塵	故名 地塵

56

		何以故	諸微塵	如來說非微塵	是名 微塵
【梵語1】	(	何以故	諸微塵	如來說非微塵	是名 微塵)
【梵語2】	(	何以故	諸微塵	如來說非微塵	是名 微塵)
【藏 語】	(	何以故	諸微塵	如來說非微塵	是名 微塵)
【蒙古語】	(	何以故	諸微塵	如來說非微塵	是名 微塵)
【定 本】		何以故	諸微塵	如來說非微塵	是名 微塵

---

13 / ⑧

鳩摩羅什	<div align="center">1)⑧ 佛言 繼續</div> <div align="center">如來說 世界 非世界 是名世界 여래설 세계 비세계 시명세계</div>
定本	<div align="center">⑧ 湏菩提言 繼續</div> <div align="center">如來說 世界 非世界 是名世界 여래설 세계 비세계 시명세계</div>

校勘 1: (佛言 繼續 → 湏菩提言 繼續)

---

13 / ⑨ 鳩摩羅什 = 定本

湏菩提 於意云何 可以三十二相 見如來 不
수보리 어의운하 가이삼십이상 견여래 부

---

13 / ⑩ 鳩摩羅什 = 定本

不也 世尊 不可 以三十二相 得見如來
불야 세존 불가 이삼십이상 득견여래

---

13 / ⑪ 鳩摩羅什 = 定本

何以故 如來說 三十二相 卽是非相 是名三十二相
하이고 여래설 삼십이상 즉시비상 시명삼십이상

鳩摩羅什					
須菩提 수보리	1)若有善男子 약유선남자	善女人 선여인	以恒河沙等 이강가사등	身命 신명	
布施. 보시	若復有人 약부유인	於此經中 어차경중	乃至 내지	受持 수지	四句偈等 사구게등
爲他人說 위타인설	2)其福甚多 ***** 기복심다				

定本					
須菩提 수보리	若有人 약유인		以恒河沙等 이강가사등	身命 신명	
布施 보시	若復有人 약부유인	於此經中 어차경중	乃至 내지	受持 수지	四句偈等 사구게등
爲他人說 위타인설	其福甚多 기복심다	於前福德 어전복덕			

校勘 1:

【羅 什】	若有	善男子	善女人	~~~	若復有人	
【流 支】	若有	善男子	善女人	~~~	若復有人	
【眞 諦】	若有	善男子	善女人	~~~	若有善男子善女人	
【笈 多】	若復時	婦女	若丈夫	~~~	若 (善實)	
【玄 奘】	若有	善男子或善女人		~~~	復有善男子或善女人	
【義 淨】	若有	男子	女人	~~~	若復有人	
【梵語1】	(若有	女人	男子	~~~	若復有人)	
【梵語2】	(若有	女人	男子	~~~	若復有人)	
【藏 語】	(若有	男子	女人	~~~	若復有人)	
【蒙古語】	(若有	男子	女人	~~~	若復有人)	
【定 本】	若有	人		~~~~~~	若復有人	

校勘 2:

【羅 什】	其福	甚多	******
【流 支】	其福	甚多	無量阿僧祇
【眞 諦】	此人以是因緣	生福多	彼無量無數
【笈 多】	此如是彼 緣	生福聚多	過福聚生 無量不可數
【玄 奘】	由是因緣 所生福聚	甚多	於前無量無數
【義 淨】	其福	勝彼	無量無數
【梵語1】	(其福	甚多	於前福德)
【梵語2】	(其福	甚多	於前福德)
【藏 語】	(其福	甚多	於前福德)
【蒙古語】	(其福	甚多	於前福德)
【定 本】	其福	甚多	於前福德

十四. 離相寂滅分
십사 이상적멸분

爾時 須菩提 聞說是經 深解義趣 涕淚悲泣 而白佛言
이시 수보리 문설시경 심해의취 체루비읍 이백불언

鳩
摩
羅
什

希有 世尊. 佛說 如是甚深經典
희유 세존 불설 여시심심경전

我從昔來 所得慧眼
아종석래 소득혜안

未曾得聞 如是之經
미증득문 여시지경

定
本

希有 世尊 佛說 如是甚深經典.
희유 세존 불설 여시심심경전

我從昔來 所得慧眼.
아종석래 소득혜안

未曾得聞 如是之經
미증득문 여시지경

校勘 1: ②文章, ③文章, ④文章 區分

鳩摩羅什	世尊 若復有人 1)得聞是經 信心清淨 則生實相 세존 약부유인 득문시경 신심청정 즉생실상 當知 是人成就第一 希有功德 당지 시인성취제일 희유공덕
定本	世尊 若復有人 得聞是經　　　　則生實相 세존 약부유인 득문시경　　　　즉생실상 當知 是人成就第一 希有功德. 당지 시인성취제일 희유공덕

校勘 1:

【羅 什】	得聞是經 信心淸淨	則生實相
【流 支】	得聞是經 信心淸淨	則生實相
【眞 諦】	聞說經時	能生實相
【笈 多】	說中此經中	發生實想
【玄 奘】	聞說如是甚深經典	生眞實想
【義 淨】	聞說是經	生實想者
【梵語1】	(得聞是經	則生實相)
【梵語2】	(得聞是經	則生實相)
【藏 語】	(得聞是經	則生實相)
【蒙古語】	(得聞是經	則生實相)
【定 本】	得聞是經	則生實相

世尊 是實相者 則是非相 是故 如來說 名實相
세존 시실상자 즉시비상 시고 여래설 명실상

鳩摩羅什	世尊 我今得聞 如是經典 信解受持 不足爲難 세존 아금득문 여시경전 신해수지 부족위난 若當來世 後五百歲 其有衆生 得聞是經 信解受持 약당래세 후오백세 기유중생 득문시경 신해수지 1)***** 是人 則爲第一希有 시인 즉위제일희유
定本	世尊 我今得聞 如是經典 信解受持 不足爲難 세존 아금득문 여시경전 신해수지 부족위난 若當來世 後五百歲 其有衆生 得聞是經 信解受持 약당래세 후오백세 기유중생 득문시경 신해수지 讀誦 爲他人說 是人 則爲第一 希有 독송 위타인설 시인 즉위제일 희유

校勘 1:

【羅 什】	*****	
【流 支】	*****	
【眞 諦】	*****	爲他正說
【笈 多】	讀當誦當	他等及分別廣 說當
【玄 奘】	讀誦 究竟通利 及 廣爲他宣說	開示如理作意
【義 淨】	*****	
【梵語1】	(讀誦	爲他人說)
【梵語2】	(讀誦	爲他人說)
【藏 語】	(讀誦	爲他人說)
【蒙古語】	(讀誦	爲他人說)
【定 本】	讀誦	爲他人說

何以故 此人 無我相 人相 衆生相 壽者相
하 이 고　차 인　무 아 상　인 상　중 생 상　수 자 상

所以者何 我相 卽是非相 人相 衆生相 壽者相 卽是非相
소 이 자 하　아 상　즉 시 비 상　인 상　중 생 상　수 자 상　즉 시 비 상

何以故 離一切諸相 則名諸佛
하 이 고　이 일 체 제 상　즉 명 제 불

鳩摩羅什	1)佛告 須菩提 如是如是. 若復有人 得聞是經 불 고　수 보 리　여 시 여 시　약 부 유 인　득 문 시 경 不驚 不怖 不畏 當知 是人 甚爲希有 불 경　불 포　불 외　당 지　시 인　심 위 희 유
定本	須菩提 如是如是. 若復有人 得聞是經 수 보 리　여 시 여 시　약 부 유 인　득 문 시 경 不驚 不怖 不畏 當知 是人 甚爲希有 불 경　불 포　불 외　당 지　시 인　심 위 희 유

校勘 1: '佛言 佛告 須菩提言 須菩提白佛言' 等 削除

何以故 湏菩提 如來說 第一波羅蜜 非第一波羅蜜
하 이 고　수 보 리　여 래 설　제 일 바 라 밀　비 제 일 바 라 밀

是名第一波羅蜜
시 명 제 일 바 라 밀

湏菩提 忍辱波羅蜜 如來說 非忍辱波羅蜜
수 보 리　인 욕 바 라 밀　여 래 설　비 인 욕 바 라 밀

何以故 湏菩提 如我昔爲歌利王 割截身體 我於爾
하 이 고　수 보 리　여 아 석 위 가 리 왕　할 절 신 체　아 어 이

時 無我相 無人相 無衆生相 無壽者相
시　무 아 상　무 인 상　무 중 생 상　무 수 자 상

何以故 我於往昔節節支解時 若有我相 人相 衆生
하 이 고　아 어 왕 석 절 절 지 해 시　약 유 아 상　인 상　중 생

相 壽者相 應生瞋恨
상　수 자 상　응 생 진 한

湏菩提 又念過去 於五百世 作忍辱仙人 於爾所世
수 보 리　우 념 과 거　어 오 백 세　작 인 욕 선 인　어 이 소 세

無我相 無人相 無衆生相 無壽者相
무 아 상　무 인 상　무 중 생 상　무 수 자 상

是故 湏菩提 菩薩 應離一切相 發阿耨多羅三藐三菩提心
시 고 　수 보 리 　보 살 　응 리 일 체 상 　발 아 누 다 라 삼 먁 삼 보 리 심

不應住色生心 不應住聲香味觸法生心
불 응 주 색 생 심 　불 응 주 성 향 미 촉 법 생 심

應生無所住心. 若心有住 則爲非住
응 생 무 소 주 심 　약 심 유 주 　즉 위 비 주

鳩摩羅什	是故 佛說 1)菩薩心 不應住色布施　　＊＊＊＊＊ 시 고 불 설 　보 살 심 불 응 주 색 보 시
定本	是故 佛說 菩薩 不應住色布施 不應住聲香味觸法布施 시 고 불 설 　보 살 불 응 주 색 보 시 불 응 주 성 향 미 촉 법 보 시

校勘 1:　　　　　　　　　　　　　14 / ⑱ 參考

【羅 什】	菩薩心	不應住色布施 ＊＊＊＊＊
【流 支】	菩薩心	不應住色布施 ＊＊＊＊＊
【眞 諦】	菩薩 無所住心 應行布施	
【笈 多】 菩薩摩訶薩		不色住施與應 不聲香味觸法住 施與應
【玄 奘】 諸菩薩 應無所住 而行布施	不應住色聲香味觸法 而行布施	
【義 淨】	菩薩 應無所住 而行布施	
【梵語1】 (菩薩		不應住色布施 不應住 聲香味觸法 布施)
【梵語2】 (菩薩		不應住色布施 不應住 聲香味觸法 布施)

【藏 語】	(菩薩	不應住色布施	不應住 聲香味觸法 布施)
【蒙古語】	(菩薩	不應住色布施	不應住 聲香味觸法 布施)
【定 本】	菩薩	不應住色布施	不應住 聲香味觸法 布施

須菩提 菩薩 爲 利益一切衆生 應如是布施
수보리 보살 위 이익일체중생 응여시보시

鳩摩羅什	如來說 ₁) 一切諸相 여래설 일체제상	卽是非相 즉시비상	又說 우설	一切衆生 일체중생	則非衆生 즉비중생
定本	如來說 此衆生相 여래설 차중생상	卽是非相 즉시비상	又說 우설	一切衆生 일체중생	則非衆生 즉비중생

校勘 1:

【羅 什】	一切 諸相	卽是非相
【流 支】	一切衆生相	卽是非相
【眞 諦】	此衆生想	卽是非想
【笈 多】	衆生想	彼如是非想
【玄 奘】	諸有情想	卽是非想
【義 淨】	此衆生想	卽爲非想
【梵語1】	(此衆生相	卽是非相)
【梵語2】	(此衆生相	卽是非相)
【藏 語】	(此衆生相	卽是非相)
【蒙古語】	(此衆生相	卽是非相)
【定 本】	此衆生相	卽是非相

須菩提 如來 是眞語者 實語者 如語者 不誑語者
수보리 여래 시진어자 실어자 여어자 불광어자

不異語者
불이어자

須菩提 如來所得法 此法 無實 無虛
수보리 여래소득법 차법 무실 무허

鳩摩羅什	1)須菩提 若菩薩 心住於法 而行布施 如人入闇 則無所見 수보리 약보살 심주어법 이행보시 여인입암 즉무소견
定本	須菩提 若菩薩 心住於事 而行布施 如人入闇 則無所見 수보리 약보살 심주어사 이행보시 여인입암 즉무소견

校勘 1:

【羅 什】	須菩提 ~~~	心住於法	而行布施
【流 支】	須菩提 ~~~	心住於事	而行布施
【眞 諦】	須菩提 ~~~	行墮 相	施
【笈 多】	善實 ~~~	墮 事	施與
【玄 奘】	善現 ~~~	墮於 事	而行布施 亦復如是
【義 淨】	****** ~~~	心住於事	而行布施
【梵語1】	(須菩提 ~~~	心住於事	而行布施)
【梵語2】	(須菩提 ~~~	心住於事	而行布施)
【藏 語】	(須菩提 ~~~	心住於事	而行布施)
【蒙古語】	(須菩提 ~~~	心住於事	而行布施)
【定 本】	須菩提 ~~~	心住於事	而行布施

| 鳩摩羅什 | 1)*** 若菩薩 心不住法 而行布施 如人有目
약보살 심부주법 이행보시 여인유목

日光明照 見種種色
일광명조 견종종색 |

| 定本 | 湏菩提 若菩薩 心不住事 而行布施 如人有目
수보리 약보살 심부주사 이행보시 여인유목

日光明照 見種種色
일광명조 견종종색 |

校勘 1:

【羅 什】	****** ~~~ 心不住法	而行布施
【流 支】	湏菩提 ~~~ 不住於事	行於布施 亦復如是
【眞 諦】	湏菩提 ~~~ 不墮於相	行無相施
【笈 多】	善實 ~~~ 不墮 事	施與
【玄 奘】	善現 ~~~ 不墮 事	而行布施 亦復如是
【義 淨】	****** ~~~ 不住於事	應行其施
【梵語1】	(湏菩提 ~~~ 心不住事	而行布施)
【梵語2】	(湏菩提 ~~~ 心不住事	而行布施)
【藏 語】	(湏菩提 ~~~ 心不住事	而行布施)
【蒙古語】	(湏菩提 ~~~ 心不住事	而行布施)
【定 本】	湏菩提 ~~~ 心不住事	而行布施

鳩摩羅什				
1)	須菩提 當來之世 수보리 당래지세	若有善男子 善女人 약유선남자 선여인	能於此經 능어차경	
2)	受持讀誦 ＊＊＊＊ 수지독송	則爲如來 以佛智慧 悉知是人 즉위여래 이불지혜 실지시인		
	悉見是人. 皆得成就 無量無邊功德 실견시인 개득성취 무량무변공덕			

定本				
	須菩提 수보리	若有善男子 善女人 약유선남자 선여인	能於此經 능어차경	
	受持讀誦 爲他人說 수지독송 위타인설	則爲如來 以佛智慧 悉知是人 즉위여래 이불지혜 실지시인		
	悉見是人 皆得成就 無量無邊功德 실견시인 개득성취 무량무변공덕			

校勘 1:

【羅 什】	須菩提 當來之世
【流 支】	須菩提 ＊＊＊＊＊
【眞 諦】	須菩提 於未來世
【笈 多】	善實　＊＊＊＊＊
【玄 奘】	善現　＊＊＊＊＊
【義 淨】	妙生　＊＊＊＊＊
【梵語1】	(須菩提 ＊＊＊＊＊)
【梵語2】	(須菩提 ＊＊＊＊＊)
【藏 語】	(須菩提 ＊＊＊＊＊)
【蒙古語】	(須菩提 ＊＊＊＊＊)
【定 本】	須菩提

校勘 2:

【羅 什】	受持讀誦	*****
【流 支】	受持讀誦修行	*****
【眞 諦】	受持讀誦修行	爲他正說 如是經典
【笈 多】	受當持當讀當誦當	爲他等及分別廣說當 知彼善實
【玄 奘】	受持讀誦 究竟通利 及廣爲他宣廣說	開示如理作意
【義 淨】	受持讀誦	爲他演說 如是之人
【梵語1】	(受持讀誦	爲他人說)
【梵語2】	(受持讀誦	爲他人說)
【藏 語】	(受持讀誦	爲他人說)
【蒙古語】	(受持讀誦	爲他人說)
【定 本】	**受持讀誦**	**爲他人說**

十五. 持經功德分
십오 지경공덕분

鳩摩羅什

須菩提 1)若有善男子 善女人 初日分 以恒河沙等身布施
수보리 약유선남자 선여인 초일분 이강가사등신보시

中日分 復以恒河沙等身布施 後日分 亦以恒河沙等身
중일분 부이강가사등신보시 후일분 역이강가사등신

布施 2)如是無量 百千萬億劫 以身布施 若復有人 聞此
보시 여시무량 백천만억겁 이신보시 약부유인 문차

經典 信心3)不逆 其福勝彼
경전 신심 불역 기복승피

定本

須菩提 若有人 初日分 以恒河沙等身布施
수보리 약유인 초일분 이강가사등신보시

中日分 復以恒河沙等身布施 後日分 亦以恒河沙等身
중일분 부이강가사등신보시 후일분 역이강가사등신

布施 如是 百千萬億劫 以身布施 若復有人 聞此
보시 여시 백천만억겁 이신보시 약부유인 문차

經典 信心 不謗 其福勝彼
경전 신심 불방 기복승피

校勘 1:

【羅 什】	若有善男子 善女人 ~ ~ ~	若復有人
【流 支】	若有善男子 善女人 ~ ~ ~	若復有人
【眞 諦】	若有善男子 善女人 ~ ~ ~	若復有人

【笈　多】	若　婦女	若丈夫 ～～～	若
【玄　奘】	假使善男子或善女人 ～～～		若　有
【義　淨】	若有善男子　善女人 ～～～		若復有人
【梵語1】	(女人 男子 ～～～～～～		若　有)
【梵語2】	(女人 男子 ～～～～～～		若復有人)
【藏　語】	(男子 女人 ～～～～～～		若復有人)
【蒙古語】	(男子 女人 ～～～～～～		若復有人)
【定　本】	**若有人 ～～～～～～～～～～**		**若復有人**

校勘 2:

【羅　什】	如是 無量	百千萬億	劫
【流　支】	如是	百千萬億 那由他劫	
【眞　諦】	如是 無量	百千萬億	劫
【笈　多】		百千 俱致 那由多劫	
【玄　奘】		百千俱胝那庾多劫	
【義　淨】	如是 無量	百千萬億	劫
【梵語1】	(如是	百千萬億	劫)
【梵語2】	(如是	百千萬億	劫)
【藏　語】	(如是	百千萬億	劫)
【蒙古語】	(如是	百千萬億	劫)
【定　本】	**如是**	**百千萬億**	**劫**

校勘 3:

【羅　什】	不　逆
【流　支】	不　謗
【眞　諦】	不起誹謗
【笈　多】	聞已不謗
【玄　奘】	不生誹謗
【義　淨】	不生毀謗

【梵語1】	(不　謗)
【梵語2】	(不　謗)
【藏　語】	(不　謗)
【蒙古語】	(不　謗)

| 【定　本】 | 不　謗 |

---

15 / ② 鳩摩羅什 = 定本

何况書寫 受持讀誦 爲人解說
하 황 서 사　수 지 독 송　위 인 해 설

---

15 / ③

| 鳩摩羅什 | 湏菩提 ₁₎以要言之 是經有 不可思議 不可稱量 無邊 功德 |
| | 수 보 리　이 요 언 지　시 경 유　불 가 사 의　불 가 칭 량　무 변　공 덕 |

| 定本 | 湏菩提　　　　是經有 不可思議 不可稱量　　功德 |
| | 수 보 리　　　시 경 유 불 가 사 의　불 가 칭 량　　공 덕 |

校勘 1:

【羅　什】	以要言之 是經有	不可思議 不可稱量 無邊
【流　支】	以要言之 是經有	不可思議 不可稱量 無邊
【眞　諦】	如是經典	不可思量 無能與等
【笈　多】	此法本	不可思　不可稱
【玄　奘】	如是法門	不可思議 不可稱量
【義　淨】	是經有	不可思議 不可稱量 無邊
【梵語1】	(是經有	不可思議 不可稱量)
【梵語2】	(是經有	不可思議 不可稱量)
【藏　語】	(是經有	不可思議 不可稱量)
【蒙古語】	(是經有	不可思議 不可稱量)

| 【定　本】 | 是經有 | 不可思議 不可稱量 |

如來 爲發大乘者說 爲發最上乘者說
여래 위발대승자설 위발최상승자설

若 有人 能受持讀誦 廣爲人說 如來 悉知是人 悉見是
약 유인 능수지독송 광위인설 여래 실지시인 실견시

人 皆得成就 不可量 不可稱 無有邊 不可思議 功德
인 개득성취 불가량 불가칭 무유변 불가사의 공덕

如是人等 則爲荷擔 如來阿耨多羅三藐三菩提
여시인등 즉위하담 여래아누다라삼먁삼보리

何以故 湏菩提 若樂小法者 着我見 人見 衆生見
하이고 수보리 약요소법자 착아견 인견 중생견

壽者見 則於此經 不能 聽受讀誦 爲人解說
수자견 즉어차경 불능 청수독송 위인해설

湏菩提 在在處處 若有此經 一切世間 天 人 阿修
수보리 재재처처 약유차경 일체세간 천 인 아수

羅 所應供養. 當知 此處 則爲是塔 皆應恭敬 作禮
라 소응공양 당지 차처 즉위시탑 개응공경 작례

圍繞 以諸華香 而散其處
위요 이제화향 이산기처

十六. 能淨業障分
십 육 능 정 업 장 분

鳩摩羅什

復次 湏菩提 善男子 善女人 1)受持讀誦此經 *****
부차 수보리 선남자 선여인   수지독송차경

若爲人輕賤 是人 先世罪業 應墮惡道 以今世人 輕賤
약 위인경천 시인 선세죄업 응타악도 이금세인 경천

故 先世罪業 則爲消滅 當得阿耨多羅三藐三菩提
고 선세죄업 즉위소멸 당득아누다라삼먁삼보리

定本

復次 湏菩提 善男子 善女人 受持讀誦此經 爲他人說
부차 수보리 선남자 선여인 수지독송차경 위타인설

若爲人輕賤 是人 先世罪業 應墮惡道 以今世人 輕賤
약 위인경천 시인 선세죄업 응타악도 이금세인 경천

故 先世罪業 則爲消滅 當得阿耨多羅三藐三菩提
고 선세죄업 즉위소멸 당득아누다라삼먁삼보리

校勘 1:

【羅 什】	受持讀誦此經	*****
【流 支】	受持讀誦此經	*****
【眞 諦】	受持讀誦	教他修行 正說如是等經
【笈 多】	若此如是色類經 受當持當讀當誦	當爲他等及分別廣說當
【玄 奘】	於此經典 受持讀誦 究竟通利及	廣爲他宣說 開示如理作
【義 淨】	於此經典 受持讀誦	演說之時
【梵語1】	(受持讀誦此經	爲他人說)

【梵語2】	(受持讀誦此經	爲他人說)
【藏　語】	(受持讀誦此經	憶念)
【蒙古語】	(受持讀誦此經	憶念)
【定　本】	受持讀誦此經	爲他人說

---

16 / ②

鳩摩羅什	須菩提 我念 1)過去　無量阿僧祇劫　於然燈佛前 수보리 아념　과거　무량아승기겁　어연등불전 得值2)八百四千萬億那由他諸佛 悉皆供養承事 無空過者 득치 팔백사천만억나유타제불　실개공양승사 무공과자
定本	須菩提 我念　過去 百千萬億阿僧祇劫 於然燈佛前 수보리 아념　과거 백천만억아승기겁 어연등불전 得值 八萬四千 萬億那由他諸佛 悉皆供養承事 無空過者 득치 팔만사천 만억나유타제불 실개공양승사 무공과자

校勘 1: 論理的 分析

【羅　什】	過去	無量	阿僧祇劫
【流　支】	過去	無量	阿僧祇劫
【眞　諦】	過去往昔	無量無數	過於算數大劫
【笈　多】	過去世	不可數劫	過不可數劫
【玄　奘】	過去	於無數劫	復過無數
【義　淨】	過去		過無數劫
【梵語1】	(過去	百千萬億	阿僧祇劫)
【梵語2】	(過去	百千萬億	阿僧祇劫)
【藏　語】	(過去	不可數	不可數劫)
【蒙古語】	(過去	不可數	不可數劫)
【定　本】	過去	百千萬億	阿僧祇劫

校勘 2:

【羅 什】	八百四千	萬億　那由他諸佛
【流 支】	八十四	億　那由他百千萬諸佛
【眞 諦】	八萬四千	百千俱胝諸佛
【笈 多】	四八十	俱致那由多百千有佛
【玄 奘】	八十四	俱胝那庾多百千諸佛
【義 淨】	八十四	億　那庾多佛
【梵語1】	(八萬四千	萬億　那由他諸佛)
【梵語2】	(八十四	萬億　那由他諸佛)
【藏 語】	(八千四百	萬億　那由他諸佛)
【蒙古語】	(八百四十	萬億　那由他諸佛)
【定 本】	八萬四千	萬億　那由他諸佛

鳩摩羅什

若復有人 於後末世 能 1)受持讀誦此經　＊＊＊＊
약부유인 어후말세 능　수지독송차경

所得功德 於我所供養諸佛功德 百分 不及一 千萬億
소득공덕 어아소공양제불공덕 백분 불급일 천만억

分 乃至 算數譬喩 所不能及
분 내지 산수비유 소불능급

定本

若復有人 於後末世 能　受持讀誦此經　爲他人說
약부유인 어후말세 능　수지독송차경　위타인설

所得功德 於我所供養諸佛功德 百分 不及一　千萬億
소득공덕 어아소공양제불공덕 백분 불급일　천만억

分 乃至 算數譬喩 所不能及
분 내지 산수비유 소불능급

校勘 1:

【羅 什】	受持讀誦 此經	*****
【流 支】	受持讀誦	修行此經
【眞 諦】	受持讀誦	敎他修行 正說此經
【笈 多】	受當持當讀當誦當	爲他等及分別廣
【玄 奘】	受持讀誦 究竟通利 及	廣爲他 宣說 開示如理作意
【義 淨】	受持讀誦 解其義趣	廣爲他 說
【梵語1】	(受持讀誦 此經	爲他人說)
【梵語2】	(受持讀誦 此經	爲他人說)
【藏 語】	(受持讀誦 此經	)
【蒙古語】	(受持讀誦 此經	)
【定 本】	受持讀誦 此經	爲他人說

---

16 / ④

鳩摩羅什

須菩提 若 善男子 善女人 於後末世 有 1)受持讀誦
수보리 약 선남자 선여인 어후말세 유 수지독송

此經 *****　　　所得功德 我若具說者 或有人聞
차 경　　　　　소득공덕 아약구설자 혹유인문

心則狂亂 狐疑不信
심즉광란 호의불신

定本

須菩提 若 善男子 善女人 於後末世 有 受持讀誦
수보리 약 선남자 선여인 어후말세 유 수지독송

此經　爲他人說　　所得功德 我若具說者 或有人聞
차 경　위타인설　　소득공덕 아약구설자 혹유인문

心則狂亂 狐疑不信
심즉광란 호의불신

【羅　什】	受持讀誦	此經			
【流　支】	受持讀誦		修行	此經	
【眞　諦】	受持讀誦	如此等經			
【笈　多】	*****		於彼中時中		*****
【玄　奘】	*****		當於爾時		*****
【義　淨】	受持讀誦	此經			
【梵語1】	(*****		當於爾時		*****)
【梵語2】	(*****		當於爾時		*****)
【藏　語】	(*****		當於爾時		*****)
【蒙古語】	(*****		當於爾時		*****)
【定　本】	受持讀誦	此經	爲他人說		

---

16 / ⑤ 鳩摩羅什 = 定本

須菩提 當知 是經義 不可思議 果報 亦 不可思議
수보리 당지 시경의 불가사의 과보 역 불가사의

十七. 究竟無我分
십 칠 구 경 무 아 분

鳩摩羅什	1) 爾時 湏菩提白佛言 世尊 善男子 善女人 이 시 수 보 리 백 불 언 세 존 선 남 자 선 여 인
	2) 發阿耨多羅三藐三菩提心 3) 云何應住 ***** 발 아 누 다 라 삼 먁 삼 보 리 심 운 하 응 주
	云何降伏其心 운 하 항 복 기 심
定本	世尊 善男子 善女人 세 존 선 남 자 선 여 인
	發菩薩乘 云何應住 云何修行 발 보 살 승 운 하 응 주 운 하 수 행
	云何降伏其心 운 하 항 복 기 심

校勘 1: '佛言 佛告 湏菩提言 湏菩提白佛言' 等 削除

校勘 2:

【羅 什】	發　阿耨多羅三藐三菩提心
【流 支】	發　阿耨多羅三藐三菩提心
【眞 諦】	發　阿耨多羅三藐三菩提心　行菩薩乘
【笈 多】	菩薩乘發行
【玄 奘】	發趣菩薩乘者

【義　淨】	發趣菩薩乘者		
【梵語1】	(發　菩薩乘)		
【梵語2】	(發　菩薩乘)		
【藏　語】	(發　菩薩乘)		
【蒙古語】	(發　菩薩乘)		
【定　本】	**發　菩薩乘**		

校勘 3:

【羅　什】	應云何　住	*****	云何降伏其心
【流　支】	云何　住	云何修行	云何降伏其心
【眞　諦】	云何應住	云何修行	云何發起菩薩心
【笈　多】	云何　住應	云何修行應	云何心降伏
【玄　奘】	應云何　住	云何修行	云何攝伏其心
【義　淨】	應云何　住	云何修行	云何攝伏其心
【梵語1】	(應云何　住	云何修行	云何降伏其心)
【梵語2】	(應云何　住	云何修行	云何降伏其心)
【藏　語】	(應云何　住	云何修行	云何降伏其心)
【蒙古語】	(應云何　住	云何修行	云何降伏其心)
【定　本】	**應云何住**	**云何修行**	**云何降伏其心**

鳩摩羅什	1)佛告 湏菩提 善男子 善女人 불고 수보리 선남자 선여인 當生如是心　我應滅度一切衆生 당생여시심　아응멸도일체중생	2)發阿耨多羅三藐三菩提者 발아누다라삼먁삼보리자
定本	湏菩提 善男子 善女人 수보리 선남자 선여인 當生如是心　我應滅度 一切衆生 당생여시심　아응멸도 일체중생	發菩薩乘 발보살승

校勘 1: ‘佛言 佛告 湏菩提言 湏菩提白佛言’ 等 削除

校勘 2:

【羅 什】	發　阿耨多羅三藐三菩提者
【流 支】	發　阿耨多羅三藐三菩提心者
【眞 諦】	發　阿耨多羅三藐三菩提心者 行菩薩乘
【笈 多】	菩薩乘發行
【玄 奘】	發趣菩薩乘者
【義 淨】	發趣菩薩乘者
【梵語1】	(發　菩薩乘)
【梵語2】	(發　菩薩乘)
【藏 語】	(發　菩薩乘)
【蒙古語】	(發　菩薩乘)
【定 本】	發　菩薩乘

滅度一切衆生已 而無有一衆生 實滅度者
멸 도 일 체 중 생 이　이 무 유 일 중 생　실 멸 도 자

何以故 湏菩提 若菩薩 有我相 人相 衆生相 壽者相
하 이 고　수 보 리　약 보 살　유 아 상　인 상　중 생 상　수 자 상

則非菩薩
즉 비 보 살

鳩摩羅什	所以者何 湏菩提 實無有法 1)	發阿耨多羅三藐三菩提者
	소 이 자 하　수 보 리　실 무 유 법	발 아 누 다 라 삼 먁 삼 보 리 자
定本	所以者何 湏菩提 實無有法	名發菩薩乘者
	소 이 자 하　수 보 리　실 무 유 법	명 발 보 살 승 자

校勘 1:

【羅 什】			發	阿耨多羅三藐三菩提者
【流 支】		名爲	菩薩發	阿耨多羅三藐三菩提心者
【眞 諦】		名爲能	行	菩薩上乘
【笈 多】				菩薩乘發行名
【玄 奘】		名爲	發趣菩薩乘者	
【義 淨】		可名	發趣菩薩乘者	
【梵語1】		(名	發	菩薩乘者)
【梵語2】		(名	發	菩薩乘者)
【藏 語】		(名	發	菩薩乘者)
【蒙古語】		(名	發	菩薩乘者)
【定 本】	名		發	菩薩乘者

須菩提 於意云何 如來 於然燈佛所 有法 得阿耨多
수보리 어의운하 여래 어연등불소 유법 득아누다

羅三藐三菩提 不
라삼먁삼보리 부

不也 世尊 如我解佛所說義 佛 於然燈佛所 無有法
불야 세존 여아해불소설의 불 어연등불소 무유법

得阿耨多羅三藐三菩提
득아누다라삼먁삼보리

鳩摩羅什	1)佛言　如是如是 須菩提 實無有法 如來得 阿耨 불언　여시여시 수보리 실무유법 여래득 아누 多羅三藐三菩提 다라삼먁삼보리
定本	如是如是 須菩提 實無有法 如來得 阿耨 여시여시 수보리 실무유법 여래득 아누 多羅三藐三菩提 다라삼먁삼보리

校勘 1: ‘佛言 佛告 須菩提言 須菩提白佛言’ 等 削除

須菩提 若有法 如來得 阿耨多羅三藐三菩提者 然燈佛
수보리 약유법 여래득 아누다라삼먁삼보리자 연등불

則不與我受記 汝於來世 當得作佛 號釋迦牟尼
즉불여아수기 여어래세 당득작불 호석가모니

以實無有法 得阿耨多羅三藐三菩提 是故 然燈佛 與我
이실무유법 득아누다라삼먁삼보리 시고 연등불 여아

受記 作是言 汝於來世 當得作佛 號釋迦牟尼
수기 작시언 여어래세 당득작불 호석가모니

鳩摩羅什	1) 何以故 ******** 如來者 卽諸法如義 하이고 _____ 여래자 즉제법여의
定本	須菩提 如來者 卽諸法如義 수보리 여래자 즉제법여의

校勘 1:

【羅 什】	何以故	*******
【流 支】	何以故	須菩提
【眞 諦】	何以故	須菩提
【笈 多】	彼何所因	善實
【玄 奘】	所以者何	善現
【義 淨】	何以故	妙生
【梵語1】	何以故	須菩提
【梵語2】		須菩提

【藏　語】	湏菩提
【蒙古語】	湏菩提
【定　本】	**湏菩提**

| 鳩摩羅什 | 1) *** 若有人言 2) *** 如來得 阿耨多羅三藐三
약유인언 여래득 아누다라삼먁삼
菩提 3) *****
보리 |
| 定本 | 湏菩提 若有人言 有法 如來得 阿耨多羅三藐三
수보리 약유인언 유법 여래득 아누다라삼먁삼
菩提 卽爲謗我 爲非善取
보리 즉위방아 위비선취 |

校勘 1:

【羅　什】	*****
【流　支】	湏菩提
【眞　諦】	湏菩提
【笈　多】	善實
【玄　奘】	善現
【義　淨】	妙生
【梵語1】	湏菩提
【梵語2】	湏菩提
【藏　語】	湏菩提
【蒙古語】	湏菩提
【定　本】	**湏菩提**

校勘 2: 有法(參考 17 / ⑬)

校勘 3:　　　　　　　　　(21 / ③ 卽爲謗我 爲非善取)

【羅　什】	**********
【流　支】	不實語
【眞　諦】	不實語
【笈　多】	彼不如語誹謗我 彼善實不實取 彼何所因
【玄　奘】	當知此言 爲不眞實 所以者何 善現 由彼謗我 起不實執
【義　淨】	是爲妄語
【梵語1】	(卽爲謗我 爲非善取)
【梵語2】	(卽爲謗我 爲非善取)
【藏　語】	(卽爲謗我 爲非善取)
【蒙古語】	(卽爲謗我 爲非善取)
【定　本】	**卽爲謗我 爲非善取**

	17 / ⑬
鳩摩羅什	湏菩提 實無有法 1)佛得 阿耨多羅三藐三菩提 수보리　실무유법　불득　아누다라삼먁삼보리
定本	湏菩提 實無有法 如來得 阿耨多羅三藐三菩提 수보리　실무유법　여래득　아누다라삼먁삼보리

校勘 1:

【羅　什】	佛　　得
【流　支】	佛　　得
【眞　諦】	如來所得
【笈　多】	如來證覺
【玄　奘】	如來能證

【義　淨】	如來證得
【梵語1】	(如來　　得)
【梵語2】	(如來　　得)
【藏　語】	(如來　　得)
【蒙古語】	(如來　　得)
【定　本】	如來　　得

---

17 / ⑭ 鳩摩羅什 = 定本

須菩提 如來所得 阿耨多羅三藐三菩提 於是中 無
수 보 리　여래소득　아 누 다 라 삼 먁 삼 보 리　어시중　무

實 無虛 是故 如來說 一切法 皆是佛法
실　무허　시고　여래설　일 체 법　개 시 불 법

---

17 / ⑮ 鳩摩羅什 = 定本

須菩提 所言 一切法者 卽非一切法 是故名一切法
수 보 리　소언　일 체 법 자 즉 비 일 체 법　시 고 명 일 체 법

---

17 / ⑯ 鳩摩羅什 = 定本

須菩提 譬如 人身長大
수 보 리　비여　인 신 장 대

---

17 / ⑰

鳩摩羅什	1) 須菩提言 世尊 如來說 人身長大 則爲非大身 是名大身 수보리언　세존　여래설　인 신 장 대　즉 위 비 대 신　시 명 대 신
定本	世尊 如來說 人身長大 則爲非大身 是名大身 세존　여래설　인 신 장 대　즉 위 비 대 신　시 명 대 신

校勘 1: '佛言 佛告 須菩提言 須菩提白佛言' 等 削除

須菩提 菩薩 亦如是 若作是言 我當滅度 無量衆生
수보리 보살 역여시 약작시언 아당멸도 무량중생

則不名菩薩
즉불명보살

| 鳩摩羅什 | 1) 何以故 須菩提　**********　********** |
| | 하이고 수보리 |

| 定本 | 須菩提　於意云何　頗有實法　名爲菩薩 |
| | 수보리　어의운하　파유실법　명위보살 |

校勘 1:

【羅 什】	何以故(?)	須菩提 *****		
【流 支】		須菩提 於意云何	頗有實法	名爲菩薩
【眞 諦】		須菩提 汝意云何	頗有一法	名菩薩不
【笈 多】		善實　彼何所因	有善實有一法 若名菩薩名	
【玄 奘】	善現 何以故	善現	頗有少法	名菩薩不
【義 淨】		妙生	頗有少法	名菩薩不
【梵語1】		(須菩提 於意云何	頗有實法	名爲菩薩)
【梵語2】		(須菩提 於意云何	頗有實法	名爲菩薩)
【藏 語】		(須菩提 於意云何	頗有實法	名爲菩薩)
【蒙古語】		(須菩提 於意云何	頗有實法	名爲菩薩)
【定 本】		須菩提 於意云何	頗有實法	名爲菩薩

鳩摩羅什	1)佛言 2)*****　實無有法 名爲菩薩 　　　　　실 무 유 법　명 위 보 살
定本	須菩提言 不也 世尊 實無有法 名爲菩薩 불 야 세 존 실 무 유 법 명 위 보 살

校勘 1: (佛言 → 須菩提言)

校勘 2:

【羅　什】　　　**********　　實無有法 名爲菩薩

【流　支】　　　不也　世尊　實無有法 名爲菩薩

【眞　諦】　　　無有　世尊

【笈　多】　　　不如此世尊

【玄　奘】　　　不也　世尊　無有少法 名爲菩薩

【義　淨】　　　不爾　世尊

【梵語1】　　（不也　世尊　實無有法 名爲菩薩）

【梵語2】　　（不也　世尊　實無有法 名爲菩薩）

【藏　語】　　（不也　世尊　　　　　　）

【蒙古語】　　（不也　世尊　　　　　　）

【定　本】　　　不也　世尊　實無有法 名爲菩薩

90

鳩摩羅什	******************* 1) ———————————————————
定本	湏菩提 衆生者 非衆生 是名衆生 수보리 중생자 비중생 시명중생

校勘 1:

【羅 什】	******************************
【流 支】	******************************
【眞 諦】	湏菩提
【笈 多】	善實 世尊言衆生者 善實 非衆生 彼如來說彼　故說名衆生者
【玄 奘】	善現 如來說有情者 如來說非有情　故名有情
【義 淨】	妙生
【梵語1】	(湏菩提 衆生者　非衆生　是名衆生)
【梵語2】	(湏菩提 衆生者　非衆生　是名衆生)
【藏 語】	(***************************************)
【蒙古語】	(***************************************)

【定 本】	湏菩提 衆生者　非衆生　是名衆生

是故 佛說 一切法 無我 無人 無衆生 無壽者
시고 불설 일체법 무아 무인 무중생 무수자

湏菩提 若菩薩 作是言 我當莊嚴佛土 是不名菩薩
수보리 약보살 작시언 아당장엄불토 시불명보살

何以故 如來說 莊嚴佛土者 卽非莊嚴 是名莊嚴
하 이 고　여 래 설　장 엄 불 토 자　즉 비 장 엄　시 명 장 엄

須菩提 若菩薩 通達無我法者 如來說 名眞是菩薩
수 보 리　약 보 살　통 달 무 아 법 자　여 래 설　명 진 시 보 살

十八. 一體同觀分
십팔 일체동관분

---

18 / ① 鳩摩羅什 = 定本

須菩提 於意云何 如來有肉眼 不
수 보 리 어 의 운 하 여 래 유 육 안 부

---

18 / ② 鳩摩羅什 = 定本

如是 世尊. 如來有肉眼
여 시 세 존 여 래 유 육 안

---

18 / ③ 鳩摩羅什 = 定本

須菩提 於意云何 如來有天眼 不
수 보 리 어 의 운 하 여 래 유 천 안 부

---

18 / ④ 鳩摩羅什 = 定本

如是 世尊. 如來有天眼
여 시 세 존 여 래 유 천 안

---

18 / ⑤ 鳩摩羅什 = 定本

須菩提 於意云何 如來有慧眼 不
수 보 리 어 의 운 하 여 래 유 혜 안 부

---

18 / ⑥ 鳩摩羅什 = 定本

如是 世尊. 如來有慧眼
여 시 세 존 여 래 유 혜 안

須菩提 於意云何 如來有法眼 不
수보리 어의운하 여래유법안 부

如是 世尊. 如來有法眼
여시 세존 여래유법안

須菩提 於意云何 如來有佛眼 不
수보리 어의운하 여래유불안 부

如是 世尊. 如來有佛眼
여시 세존 여래유불안

須菩提 於意云何 恒河中所有沙 佛說是沙 不
수보리 어의운하 강가중소유사 불설시사 부

如是 世尊. 如來說是沙
여시 세존 여래설시사

鳩摩羅什	湏菩提 於意云何 如一恒河中所有沙 有如是等恒河 수보리 어의운하 여일강가중소유사 유여시등강가
	1)是諸恒河 所有沙數 佛世界 如是 寧爲多 不 시제강가 소유사수 불세계 여시 영위다 부
定本	湏菩提 於意云何 如一恒河中所有沙 有如是等恒河. 수보리 어의운하 여일강가중소유사 유여시등강가
	是諸恒河 所有沙數　　世界 如是 寧爲多 不 시제강가 소유사수　　세계 여시 영위다 부

校勘 1:

【羅　什】	是諸恒河所有沙數	佛	世界
【流　支】	是諸恒河所有沙數	佛	世界
【眞　諦】	如諸恒伽所有沙數		世界
【笈　多】	所有彼中沙 彼所有及		世界
【玄　奘】	乃至是諸殑伽河中所有沙數		假使有如是等世界
【義　淨】	有爾所		世界
【梵語1】	(是諸恒河所有沙數		世界)
【梵語2】	(是諸恒河所有沙數		世界)
【藏　語】	(是諸恒河所有沙數		世界)
【蒙古語】	(是諸恒河所有沙數		世界)
【定　本】	是諸恒河所有沙數		世界

甚多 世尊
심다 세존

鳩摩羅什	1)佛告 湏菩提 爾所國土中 所有衆生 若干種心 如來悉知. 불고 수보리 이소국토중 소유중생 약간종심 여래실지
定本	湏菩提 爾所國土中 所有衆生 若干種心 如來悉知 수보리 이소국토중 소유중생 약간종심 여래실지

校勘 1: '佛言 佛告 湏菩提言 湏菩提白佛言' 等 削除

何以故 如來說 諸心 皆爲非心 是名爲心
하이고　여래설　제심　개위비심　시명위심

鳩摩羅什	所以者何 湏菩提 소이자하 수보리	1)過去心不可得 現在心不可得 과거심불가득 현재심불가득
	未來心不可得 미래심불가득	
定本	所以者何 湏菩提 소이자하 수보리	過去心不可得 未來心不可得 과거심불가득 미래심불가득
	現在心不可得 현재심불가득	

校勘 1:

【羅 什】	過去心不可得	現在心不可得	未來心不可得
【流 支】	過去心不可得	現在心不可得	未來心不可得
【眞 諦】	過去心不可得	未來心不可得	現在心不可得

【笈 多】	過去心不可得	未來心不可得	現在心不可得(善實)
【玄 奘】	過去心不可得	未來心不可得	現在心不可得
【義 淨】	過去心不可得	未來心不可得	現在心不可得
【梵語1】	(過去心不可得	未來心不可得	現在心不可得)
【梵語2】	(過去心不可得	未來心不可得	現在心不可得)
【藏 語】	(過去心不可得	未來心不可得	現在心不可得)
【蒙古語】	(過去心不可得	未來心不可得	現在心不可得)
【定 本】	**過去心不可得**	**未來心不可得**	**現在心不可得**

十九. 法界通化分
십구 법계통화분

須菩提 於意云何 若有人 滿三千大千世界七寶 以用
수보리 어의운하 약유인 만삼천대천세계칠보 이용

布施　是人　以是因緣 得福多 不
보시　시인　이시인연 득복다 부

如是 世尊 此人 以是因緣 得福 甚多
여시 세존 차인 이시인연 득복 심다

須菩提 若 福德有實 如來不說 得福德多
수보리 약 복덕유실 여래불설 득복덕다

以福德 無故 如來說 得福德多
이복덕 무고 여래설 득복덕다

二十. 離色離相分
이 십 　 이 색 이 상 분

鳩摩羅什	須菩提 1)於意云何 佛 可以具足色身見 不
	수 보 리 　 어 의 운 하 　 불 　 가 이 구 족 색 신 견 　 부
定本	須菩提 於意云何 如來 可以具足色身見 不
	수 보 리 　 어 의 운 하 　 여 래 　 가 이 구 족 색 신 견 　 부

校勘 1:

【羅 什】	於意云何	佛	可以具足色身 見	不
【流 支】	於意云何	佛	可以具足色身 見	不
【眞 諦】	汝意云何		可以具足色身 觀如來	不
【笈 多】	彼何意念 善實		色身成就 如來見應	
【玄 奘】	於汝意云何		可以色身圓實 觀如來	不
【義 淨】	於汝意云何		可以色身圓滿 觀如來	不
【梵語1】	(於意云何	如來	可具足以色身 見	不)
【梵語2】	(於意云何	如來	可具足以色身 見	不)
【藏 語】	(於意云何	如來	可具足以色身 見	不)
【蒙古語】	(於意云何	如來	可具足以色身 見	不)
【定 本】	於意云何	如來	可以具足色身 見	不

不也 世尊. 如來 不應以具足色身見
불 야 세 존 　 여 래 　 불 응 이 구 족 색 신 견

何以故 如來說 具足色身 卽非具足色身 是名具足色身
하 이 고 여래설 구 족 색 신 즉 비 구 족 색 신 시 명 구 족 색 신

須菩提 於意云何 如來 可以具足諸相見 不
수 보 리 어 의 운 하 여 래 가 이 구 족 제 상 견 부

不也 世尊 如來 不應以具足諸相見
불 야 세 존 여 래 불 응 이 구 족 제 상 견

何以故 如來說 諸相具足 卽非具足 是名諸相具足
하 이 고 여래설 제 상 구 족 즉 비 구 족 시 명 제 상 구 족

二十一. 非說所說分
이 십 일 비 설 소 설 분

	21 / ①				
鳩摩羅什	湏菩提 수보리	1)汝 勿謂 여 물위	如來作是念 여래작시념	我當有所說法 아당유소설법	
定本	湏菩提 수보리	於意云何 어의운하	如來作是念 여래작시념	我當有所說法 아당유소설법	不 부

校勘 1:　　　　　　9 / ① ③ ⑤ ⑦ 參考

【羅 什】	汝勿謂	如來作是念	我當有所說法
【流 支】	於意云何	汝謂如來作是念	我當有所說法耶
【眞 諦】	汝意云何	如來有如是意	我今實說法耶
【笈 多】	彼何意念 雖然如來如是念		我法說(善實)
【玄 奘】	於汝意云何	如來頗作是念	我當有所說法耶
【義 淨】	於汝意云何	如來作是念	我說法耶
【梵語1】	(於意云何	如來作是念	我當有所說法 不)
【梵語2】	(於意云何	如來作是念	我當有所說法 不)
【藏 語】	(於意云何	如來作是念	我當有所說法 不)
【蒙古語】	(於意云何	如來作是念	我當有所說法 不)
【定 本】	於意云何	如來作是念	我當有所說法 不

鳩摩羅什	1)佛言 2)莫作是念 막 작 시 념
定本	湏菩提言 不也 世尊 불야 세존

校勘 1: (佛言 → 湏菩提言)

校勘 2:

【羅 什】		莫作是念
【流 支】	湏菩提	莫作是念
【眞 諦】	*****	
【笈 多】	善實言	不如此世尊 不如來如是念我法說
【玄 奘】	善現	汝今勿當作如是觀
【義 淨】	汝	勿作是見
【梵語1】		(不也 世尊)
【梵語2】		(不也 世尊)
【藏 語】		(不也不也)
【蒙古語】		(不也不也)
【定 本】		不也 世尊

鳩摩羅什	1)何以故 ***** 若人言 如來有所說法 2)即爲謗佛
	하 이 고　　　　약 인 언　여 래 유 소 설 법　즉 위 방 불
	不能解我所說故
	불 능 해 아 소 설 고
定本	須菩提 若人言 如來有所說法 即爲謗我
	수 보 리　약 인 언　여 래 유 소 설 법　즉 위 방 아
	爲非善取
	위 비 선 취

校勘 1:

【羅　什】	何以故 *****
【流　支】	何以故 *****
【眞　諦】	須菩提
【笈　多】	善實
【玄　奘】	何以故 善現
【義　淨】	*******
【梵語1】	(須菩提)
【梵語2】	(須菩提)
【藏　語】	(須菩提)
【蒙古語】	(須菩提)
【定　本】	須菩提

校勘 2:

【羅　什】	即爲謗佛	不能解我所說故
【流　支】	即爲謗佛	不能解我所說故
【眞　諦】	是人由非實有及以邪執 起誹謗我

【笈 多】	誹謗我	彼善實不實取
【玄 奘】	卽爲謗我	爲非善取
【義 淨】	則爲謗我	*****
【梵語1】	(卽爲謗我	爲非善取)
【梵語2】	(卽爲謗我	爲非善取)
【藏 語】	(卽爲謗我	爲非善取)
【蒙古語】	(卽爲謗我	爲非善取)
【定 本】	卽爲謗我	爲非善取

---

21 / ④ 鳩摩羅什 = 定本

須菩提 說法者 無法可說 是名說法
수 보 리　설 법 자　무 법 가 설　시 명 설 법

---

21 / ⑤

鳩 摩 羅 什	1)爾時 慧命 須菩提白佛言　世尊 頗有衆生 於未 이 시　혜 명　수 보 리 백 불 언　세 존　파 유 중 생　어 미 來世 聞說是法 生信心 不 래 세　문 설 시 법　생 신 심　부
定 本	世尊 頗有衆生 於未 세 존　파 유 중 생　어 미 來世 聞說是法 生信心 不 래 세　문 설 시 법　생 신 심　부

校勘 1: '佛言 佛告 須菩提言 須菩提白佛言' 等 削除

鳩摩羅什	1)佛言 湏菩提 彼非衆生 非不衆生 불언 수보리 피비중생 비불중생
定本	湏菩提 彼非衆生 非不衆生 수보리 피비중생 비불중생

校勘 1: '佛言 佛告 湏菩提言 湏菩提白佛言' 等 削除

何以故 湏菩提 衆生衆生者 如來說 非衆生 是名衆生
하 이 고 수 보 리 중 생 중 생 자 여 래 설 비 중 생 시 명 중 생

二十二. 無法可得分
이십이 무법가득분

鳩摩羅什	** 1)
定本	湏菩提, 於意云何 有法 如來得 阿耨多羅三藐三菩提 不 수보리 어의운하 유법 여래득 아누다라삼먁삼보리 부

校勘 1:

【羅 什】	**			
【流 支】	湏菩提 於意云何		如來得 阿耨多羅三藐三菩提耶
【眞 諦】	湏菩提 汝意云何	頗有一法	如來所得 名阿耨多羅三藐三菩提 不
【笈 多】	彼何意念 善實	雖然有法	若如來無上正遍知證 覺命者
【玄 奘】	善現 於汝意云何	頗有少法	如來應正等覺現證無上正等菩提耶
【義 淨】	妙生 於汝意云何		佛得 無上正等覺時 頗有少法所證 不
【梵語1】	(湏菩提 於意云何	有法	如來得 阿耨多羅三藐三菩提 不)
【梵語2】	(湏菩提 於意云何	有法	如來得 阿耨多羅三藐三菩提 不)
【藏 語】	(湏菩提 於意云何	有法	如來得 阿耨多羅三藐三菩提 不)
【蒙古語】	(湏菩提 於意云何	有法	如來得 阿耨多羅三藐三菩提 不)
【定 本】	湏菩提 於意云何	有法	如來得 阿耨多羅三藐三菩提 不

鳩摩羅什	1) 湏菩提白佛言 2) ＊＊＊＊ 世尊 ＊＊＊＊＊ 수 보 리 백 불 언 세 존 佛得 阿耨多羅三藐三菩提 爲無所得耶 불 득 아 누 다 라 삼 먁 삼 보 리 위 무 소 득 야
定本	不也 世尊 無有少法 불 야 세 존 무 유 소 법 佛得 阿耨多羅三藐三菩提 불 득 아 누 다 라 삼 먁 삼 보 리

校勘 1: '佛言 佛告 湏菩提言 湏菩提白佛言' 等 削除

校勘 2:   22 / ① 參考

【羅 什】	＊＊＊ 世尊 ＊＊＊＊＊		佛 得	阿耨多羅三藐三菩提 爲無所得耶	
【流 支】	不也 世尊	世尊無有少法 如來	得	阿耨多羅三藐三菩提	
【眞 諦】	不得 世尊	無有一法	如來 所 得	名阿耨多羅三藐三菩提	
【笈 多】	無有彼 世尊有法		若如來	彼世尊有 法若如來無上	正遍知
【玄 奘】	世尊 如我解佛所說義者 無有少法		如來應正等覺 現證	無上 正等 菩提	
【義 淨】			實無有法	是佛 所證	
【梵語1】	(不也 世尊 無有少法		佛 得	阿耨多羅三藐三菩提)	
【梵語2】	(不也 世尊 無有少法		佛 得	阿耨多羅三藐三菩提)	
【藏 語】	(世尊 無有少法		佛 得	阿耨多羅三藐三菩提)	
【蒙古語】	(世尊 無有少法		佛 得	阿耨多羅三藐三菩提)	
【定 本】	不也 世尊 無有少法		佛 得阿耨多羅三藐三菩提		

鳩摩羅什	¹⁾佛言 如是如是.　 須菩提　我於阿耨多羅三藐三菩提
	불언　여시여시　　수보리　아어아누다라삼먁삼보리
	乃至　無有少法可得 是名阿耨多羅三藐三菩提
	내지　무유소법가득　시명아누다라삼먁삼보리

定本	如是如是.　 須菩提　我於阿耨多羅三藐三菩提
	여시여시　　수보리　아어아누다라삼먁삼보리
	乃至　無有少法可得 是名阿耨多羅三藐三菩提
	내지　무유소법가득　시명아누다라삼먁삼보리

校勘 1: '佛言 佛告 須菩提言 須菩提白佛言' 等 削除

108

二十三. 淨心行善分
이 십 삼 정 심 행 선 분

復次 湏菩提 是法平等無有高下 是名阿耨多羅三藐三菩提
부차 수보리 시법평등무유고하 시명아누다라삼먁삼보리

以無我 無人 無衆生 無壽者 修一切善法 則得阿耨
이무아 무인 무중생 무수자 수일체선법 즉득아누

多羅三藐三菩提
다라삼먁삼보리

湏菩提 所言 善法者 如來說 ₁)即非善法 是名善法
수보리 소언 선법자 여래설 즉비선법 시명선법

校勘 1: (卽)非善法 → 卽非善法

二十四. 福智無比分
이십사 복지무비분

鳩摩羅什

須菩提 若三千大千世界中 所有諸須彌山王 如是等
수보리 약삼천대천세계중 소유제수미산왕 여시등

七寶聚 有人 持用布施 若人 以此般若波羅蜜經 乃
칠보취 유인 지용보시 약인 이차반야바라밀경 내

至 四句偈等 受持讀誦 爲他人說 1)於前福德
지 사구게등 수지독송 위타인설 어전복덕

百分 不及一 百千萬億分 乃至 筭數譬喩 所不能及
백분 불급일 백천만억분 내지 산수비유 소불능급

定本

須菩提 若三千大千世界中 所有諸須彌山王 如是等
수보리 약삼천대천세계중 소유제수미산왕 여시등

七寶聚 有人 持用布施 若人 以此般若波羅蜜經 乃
칠보취 유인 지용보시 약인 이차반야바라밀경 내

至 四句偈等 受持讀誦 爲他人說 前說福德 於此福德
지 사구게등 수지독송 위타인설 전설복덕 어차복덕

百分 不及一 千萬億分 乃至 筭數譬喩 所不能及
백분 불급일 천만억분 내지 산수비유 소불능급

校勘 1:

【羅 什】	於前福德	
【流 支】	於前福德	
【眞 諦】	以前功德	比此功德
【笈 多】	此善實福聚	彼前者福聚
【玄 奘】	前說福聚	於此福聚
【義 淨】	以前福聚	比此福聚
【梵語1】	(前說福德	於此福德)
【梵語2】	(前說福德	於此福德)
【藏 語】	(前說福德	於此福德)
【蒙古語】	(前說福德	於此福德)
【定 本】	前說福德	於此福德

二十五. 化無所化分
이십오 화무소화분

鳩摩羅什	湏菩提 於意云何 1) 汝等 勿謂 如來作是念 我當度衆生 수보리 어의운하 여등 물위 여래작시념 아당도중생 湏菩提 莫作是念 何以故 實無有衆生 如來度者 수보리 막작시념 하이고 실무유중생 여래도자
定本	湏菩提 於意云何 如來作是念 我當度衆生 수보리 어의운하 여래작시념 아당도중생 湏菩提 莫作是念 何以故 實無有衆生 如來度者 수보리 막작시념 하이고 실무유중생 여래도자

校勘 1:

【羅 什】	汝等勿謂		如來作是念 我當度衆生	
【流 支】		汝 謂	如來作是念 我度衆生耶	
【眞 諦】			如來作是念 我度衆生耶	
【笈 多】		雖然	如來如是念 我度脫衆生度脫不	
【玄 奘】			如來頗作是念 我當度脫諸有情耶	
【義 淨】			如來 度衆生不	
【梵語1】	(		如來作是念 我當度衆生	)
【梵語2】	(		如來作是念 我當度衆生	)
【藏 語】	(		如來作是念 我當度衆生	)
【蒙古語】	(		如來作是念 我當度衆生	)
【定 本】			如來作是念 我當度衆生	

若有衆生 如來度者 如來 則有我人衆生壽者
약 유 중 생 여 래 도 자 여 래 즉 유 아 인 중 생 수 자

湏菩提 如來說 有我者 則非有我 而凡夫之人 以爲有我
수 보 리 여 래 설 유 아 자 즉 비 유 아 이 범 부 지 인 이 위 유 아

鳩摩羅什	湏菩提 凡夫者 如來說 則非凡夫 1)是名凡夫
	수 보 리 범 부 자 여 래 설 즉 비 범 부 시 명 범 부
定本	湏菩提 凡夫者 如來說 則非凡夫 是名凡夫
	수 보 리 범 부 자 여 래 설 즉 비 범 부 시 명 범 부

校勘 1:

【羅 什】	(是名凡夫)
【流 支】	是故言 毛道凡夫生
【眞 諦】	故說 嬰兒凡夫衆生
【笈 多】	故說名小兒凡夫生者
【玄 奘】	故名 愚夫異生
【義 淨】	故名 愚夫衆生
【梵語1】	(是名凡夫)
【梵語2】	(是名凡夫)
【藏 語】	(是名凡夫)
【蒙古語】	(是名凡夫)
【定 本】	是名凡夫

二十六. 法身非相分
이십육 법신비상분

鳩摩羅什	須菩提 於意云何 수보리 어의운하	1) 可以三十二相 가이삼십이상	觀如來 不 관여래 부
定本	須菩提 於意云何 수보리 어의운하	可以具足相 가이구족상	觀如來 不 관여래 부

校勘 1:

【羅 什】	可以三十二相
【流 支】	可以　　　相成就
【眞 諦】	可以具足　相
【笈 多】	相具足
【玄 奘】	可以諸　相具足
【義 淨】	應以具　相
【梵語1】	(可以具足　相)
【梵語2】	(可以具足　相)
【藏 語】	(可以具足　相)
【蒙古語】	(可以具足　相)
【定 本】	可以具足　相

鳩摩羅什	1) 須菩提言 수 보 리 언	2) ******************
定本		不也 世尊 不應 以具足相 觀如來 불야 세존 불응 이구족상 관여래

校勘 1: '佛言 佛告 須菩提言 須菩提白佛言' 等 削除

校勘 2:

【羅 什】	**************************************			
【流 支】		(如我解佛所說義)	不以相成就	得見如來
【眞 諦】		(如我解佛所說義)	不以具足相	應觀如來
【笈 多】	不如此 世尊	(如我解佛所說義)	不相具足	如來見應
【玄 奘】		(如我解佛所說義者)	不應 以諸相具足	觀於如來
【義 淨】	不爾 世尊		不應 以具相	觀於如來
【梵語1】	(不也 世尊	(如我解佛所說義)	不應 以具足相 觀如來)	
【梵語2】	(不也 世尊	(如我解佛所說義)	不應 以具足相 觀如來)	
【藏 語】	(不也 世尊		不應 以具足相 觀如來)	
【蒙古語】	(不也 世尊		不應 以具足相 觀如來)	
【定 本】	不也 世尊		不應 以具足相 觀如來	

鳩摩羅什	1)須菩提言 2)如是如是. ＊＊＊＊ 여시여시	3)	以三十二相 觀如來 이 삼 십 이 상 　관 여 래
定本	佛言 如是如是 須菩提　如汝所說 不應 以具足相 觀如來 여시여시 수보리　여여소설 불응 이구족상 관여래		

校勘 1: (須菩提言 → 佛言)

校勘 2:

【羅 什】	(須菩提言?)		如是如是 ＊＊＊＊＊＊＊＊＊＊	
【流 支】	佛言		如是如是	
【眞 諦】	佛言		如是 須菩提 如是	
【笈 多】	世尊言	善善善實	如是如是	善實
【玄 奘】	佛言　善現	善哉善哉	如是如是	
【義 淨】	＊＊＊＊＊＊＊＊＊＊＊＊＊＊＊＊＊＊＊＊＊＊＊＊＊＊＊＊＊			
【梵語1】	(佛言		如是如是	須菩提)
【梵語2】	(佛言		如是如是	須菩提)
【藏 語】	(佛言		如是如是	須菩提)
【蒙古語】	(佛言		如是如是	須菩提)
【定 本】	(佛言)		如是如是	須菩提

校勘 3:

【羅 什】	(須菩提言?)	以三十二相	觀如來
【流 支】	(佛言)	不 以相成就	得見如來
【眞 諦】	(佛言)	不 以具足相	應觀如來

116

【笈 多】	(佛言)	如如語汝	不 相具足	如來見應
【玄 奘】	(佛言)	如汝所說	不應 以諸相具足	觀於如來
【義 淨】		*****		
【梵語1】	(佛言)	(如汝所說	不應 以具足相	觀如來)
【梵語2】	(佛言)	(如汝所說	不應 以具足相	觀如來)
【藏 語】	(佛言)	(如汝所說	不應 以具足相	觀如來)
【蒙古語】	(佛言)	(如汝所說	不應 以具足相	觀如來)
【定 本】		如汝所說	不應 以具足相	觀如來

---

26 / ④

鳩摩羅什	1) 佛言 須菩提 불언 수보리　　2) 若以三十二相 觀如來者 轉輪聖王 약 이 삼 십 이 상　관 여 래 자　전 륜 성 왕 則是如來 즉 시 여 래

佛言 繼續

定本	若以具足相 觀如來者 轉輪聖王 약 이 구 족 상　관 여 래 자　전 륜 성 왕 則是如來 즉 시 여 래

校勘 1: '佛言 須菩提' 削除

校勘 2:

【羅 什】	若以三十二相	觀如來者
【流 支】	若以相成就	觀如來者
【眞 諦】	若以具足相	觀如來者
【笈 多】	相具足	如來見
【玄 奘】	若以諸相具足	觀如來者

【義 淨】	若以具相	觀如來者
【梵語1】	(若以具足相	觀如來者)
【梵語2】	(若以具足相	觀如來者)
【藏 語】	(若以具足相	觀如來者)
【蒙古語】	(若以具足相	觀如來者)
【定 本】	若以具足相	觀如來者

鳩摩羅什	1) 須菩提白佛言 世尊 如我解 佛所說義 수보리백불언 세존 여아해 불소설의 2) 不應 以三十二相 觀如來 불응 이삼십이상 관여래
定本	世尊 如我解 佛所說義 세존 여아해 불소설의 不應 以具足相 觀如來. 불응 이구족상 관여래

校勘 1: '佛言 佛告 須菩提言 須菩提白佛言' 等 削除

校勘 2:

【羅 什】	不應 以三十二相	觀如來
【流 支】	非 以相成就	得見如來
【眞 諦】	不 以具足相	應觀如來
【笈 多】	不 相具足	如來見應
【玄 奘】	不應 以相具足	觀於如來
【義 淨】	應 以諸相非相	觀於如來
【梵語1】	(不應 以具足相	觀如來)
【梵語2】	(不應 以具足相	觀如來)

| 【藏 語】 | (不應 以具足相 | 觀如來) |
| 【蒙古語】 | (不應 以具足相 | 觀如來) |

| 【定 本】 | 不應 以具足相 | 觀如來 |

鳩摩羅什 26 / ⑥ = 定本

爾時 世尊 而說偈言 若以色見我 以音聲求我 是人
이시 세존 이설게언 약이색견아 이음성구아 시인

行邪道 不能見如來
행사도 불능견여래

---

26 / ⑦

| 鳩摩羅什 | 1) * |
| 定本 | 應觀佛法性 卽導師法身 法性非所識 故彼不能了
응관불법성 즉도사법신 법성비소식 고피불능료 |

校勘 1:

【羅 什】	********************************		
【流 支】	彼如來妙體	卽法身諸佛	法體不可見 彼識不能知
【眞 諦】	由法應見佛	調御法爲身	此法非識境 法如深難見
【笈 多】	法體佛見應	法身彼如來	法體及不識 彼不能知
【玄 奘】	應觀佛法性	卽導師法身	法性非所識 故彼不能了
【義 淨】	應觀佛法性	卽導師法身	法性非所識 故彼不能了
【梵語1】	(應觀佛法性	卽導師法身	法性非所識 故彼不能了)
【梵語2】	(應觀佛法性	卽導師法身	法性非所識 故彼不能了)
【藏 語】	(應觀佛法性	卽導師法身	法性非所識 故彼不能了)
【蒙古語】	(應觀佛法性	卽導師法身	法性非所識 故彼不能了)

| 【定 本】 | 應觀佛法性 | 卽導師法身 | 法性非所識 故彼不能了 |

二十七. 無斷無滅分
이십칠 무단무멸분

鳩摩羅什	1)湏菩提 汝若作是念 2)如來 不 以具足相 수보리 여약작시념 여래 불 이구족상 故得阿耨多羅三藐三菩提 *** 고득아누다라삼먁삼보리
定本	湏菩提 於意云何 如來 可 以具足相 수보리 어의운하 여래 가 이구족상 故得阿耨多羅三藐三菩提 不 고득아누다라삼먁삼보리 부

校勘 1:

【羅 什】	湏菩提	汝若作是念
【流 支】	湏菩提	於意云何
【眞 諦】	湏菩提	汝意云何
【笈 多】		彼何意念 善實
【玄 奘】	佛告 善現	於汝意云何
【義 淨】	********************	
【梵語1】	(湏菩提	於意云何)
【梵語2】	(湏菩提	於意云何)
【藏 語】	(湏菩提	於意云何)
【蒙古語】	(湏菩提	於意云何)
【定 本】	湏菩提	於意云何

校勘 2:

【羅 什】	如來	不	以具足相
【流 支】	如來	可	以相成就
【眞 諦】	如來	可	以具足相～～～不
【笈 多】			相具足　如來
【玄 奘】	如來應正等覺		以諸相具足
【義 淨】	＊＊＊＊＊＊＊＊＊＊＊＊＊＊＊＊＊＊＊		
【梵語1】	(如來	可	以具足相～～～不)
【梵語2】	(如來	可	以具足相～～～不)
【藏 語】	(如來	可	以具足相～～～不)
【蒙古語】	(如來	可	以具足相～～～不)
【定 本】	如來	可	以具足相～～～不

---

27 / ② 鳩摩羅什 = 定本

須菩提 莫作是念.　　如來 不以具足相 故得阿耨多
수 보 리　막 작 시 념　　여 래　불 이 구 족 상　고 득 아 누 다

羅三藐三菩提
라 삼 먁 삼 보 리

鳩摩羅什	湏菩提 汝若作是念 1)發阿耨多羅三藐三菩提者 수보리 여약작시념 발아누다라삼먁삼보리자 說諸法斷滅相. 莫作是念 설제법단멸상 막작시념
定本	湏菩提 汝若作是念 發菩薩乘者 수보리 여약작시념 발보살승자 說諸法斷滅相 莫作是念 설제법단멸상 막작시념

校勘 1:

【羅 什】		發	阿耨多羅三藐三菩提者
【流 支】			菩薩發阿耨多羅三藐三菩提心者
【眞 諦】		行	菩薩乘人
【笈 多】	發行		菩薩乘
【玄 奘】	發趣		菩薩乘者
【義 淨】	發趣		菩薩乘者
【梵語1】		(發	菩薩乘者)
【梵語2】		(發	菩薩乘者)
【藏 語】		(發	菩薩乘者)
【蒙古語】		(發	菩薩乘者)
【定 本】		發	菩薩乘者

鳩摩羅什	何以故 하 이 고	1)發阿耨多羅三藐三菩提心者 발 아 누 다 라 삼 먁 삼 보 리 심 자	於法不說斷滅相 어 법 불 설 단 멸 상
定本	何以故 하 이 고	發菩薩乘者 발 보 살 승 자	於法不說斷滅相 어 법 불 설 단 멸 상

校勘 1:

【羅 什】	發	阿耨多羅三藐三菩提心者
【流 支】		菩薩發阿耨多羅三藐三菩提心者
【眞 諦】	行	菩薩乘人
【笈 多】	發行	菩薩乘
【玄 奘】	發趣	菩薩乘者
【義 淨】	發趣	菩薩乘者
【梵語1】	(發	菩薩乘者)
【梵語2】	(發	菩薩乘者)
【藏 語】	(發	菩薩乘者)
【蒙古語】	(發	菩薩乘者)
【定 本】	發	菩薩乘者

二十八. 不受不貪分
이 십 팔 불 수 불 탐 분

鳩摩羅什	

須菩提 1)若菩薩 以滿恒河沙等世界七寶 2)持用布施
수보리 약보살 이만강가사등세계칠보 지용보시

若復有人 3)知一切法 無我得成於忍 4)此菩薩 勝前菩
약부유인 지일체법 무아득성어인 차보살 승전보

薩 所得功德
살 소득공덕

定本	

須菩提 若有人 以滿恒河沙等世界七寶 持用布施
수보리 약유인 이만강가사등세계칠보 지용보시

若有菩薩 於一切法 無我得成於忍 此功德 勝前所
약유보살 어일체법 무아득성어인 차공덕 승전소

得功德
득공덕

校勘 1: 若菩薩 ~~~ 若復有人 → 若有人 ~~~ 若有菩薩

【羅 什】	若　菩薩	~~~ 若 復有人
【流 支】	若　善男子善女人	~~~ 若　有菩薩
【眞 諦】	若 有善男子善女人	~~~ 若　有菩薩
【笈 多】	若　善家子若善家女	~~~ 若　菩薩摩訶薩
【玄 奘】	若　善男子或善女人	~~~ 若　有菩薩
【義 淨】	若 有　男子女人	~~~ 若 復有人
【梵語1】	(若 善　男子善女人	~~~ 若　有菩薩)

124

【梵語2】	(若 善　男子善女人	~~~ 若　有菩薩)
【藏　語】	(若 善　男子善女人	~~~ 若　有菩薩)
【蒙古語】	(若 善　男子善女人	~~~ 若　有菩薩)
【定　本】	若 有　人	~~~ 若　有菩薩

校勘 2: (持用)布施

校勘 3:

【羅　什】	知一切法	無我
【流　支】	知一切法	無我　無生法
【眞　諦】	於一切法	無我　無生
【笈　多】	(無我　無生)	中法中
【玄　奘】	於諸(無我　無生)	法中
【義　淨】	於(無我理不生)	法中
【梵語1】	(於一切法)	
【梵語2】	(於一切法)	
【藏　語】	(於一切法)	
【蒙古語】	(於一切法)	
【定　本】	於一切法	

校勘 4:

【羅　什】	此菩薩	勝前菩薩 所得功德
【流　支】	此功德	勝前所得福德
【眞　諦】	以是因緣 所得福德	寂多於彼
【笈　多】	得此如是 彼緣	多過福聚生
【玄　奘】	由是因緣 所生福聚	甚多於彼
【義　淨】	得忍解者 所生福聚	極多於彼 無量無數
【梵語1】	(此功德	勝前所得功德)

【梵語2】	(此功德	勝前所得功德)
【藏　語】	(此功德	勝前所得功德)
【蒙古語】	(此功德	勝前所得功德)
【定　本】	**此功德**	**勝前所得功德**

---

28 / ②

鳩摩羅什	湏菩提 수 보 리	1)以諸菩薩 이 제 보 살	不受福德故 불 수 복 덕 고
定本	湏菩提 수 보 리	菩薩 보 살	不受福德故 불 수 복 덕 고

校勘 1:

【羅　什】	以諸	菩薩
【流　支】	以諸	菩薩
【眞　諦】		行大乘人
【笈　多】		菩薩
【玄　奘】		菩薩
【義　淨】		菩薩
【梵語1】		(菩薩)
【梵語2】		(菩薩)
【藏　語】		(菩薩)
【蒙古語】		(菩薩)
【定　本】		**菩薩**

鳩摩羅什	1) 湏菩提白佛言 世尊 云何 菩薩 不受福德 수보리백불언 세존 운하 보살 불수복덕
定本	世尊 云何 菩薩 不受福德 세존 운하 보살 불수복덕

校勘 1: '佛言 佛告 湏菩提言 湏菩提白佛言' 等 削除

鳩摩羅什 28 / ④ = 定本

湏菩提 菩薩 所作福德 不應貪着 是故說 不受福德
수보리 보살 소작복덕 불응탐착 시고설 불수복덕

二十九. 威儀寂靜分
이 십 구 위 의 적 정 분

鳩摩羅什	須菩提 若有人言 1)如來 若來 若去 ****** 若坐 수보리 약유인언 여래 약래 약거 약좌 若臥 是人 不解 我所說義 약와 시인 불해 아소설의
定本	須菩提 若有人言 如來 若來 若去 若住 若坐 수보리 약유인언 여래 약래 약거 약주 약좌 若臥 是人 不解 我所說義 약와 시인 불해 아소설의

校勘 1:

【羅 什】	如來 若來若去	*****	若坐若臥
【流 支】	如來 若來若去	若住	若坐若臥
【眞 諦】	如來 行	住	坐 臥
【笈 多】	如來 若去若不去	若住	若坐若臥
【玄 奘】	如來 若來若去	若住	若坐若臥
【義 淨】	如來 若來若去	*****	若坐若臥者
【梵語1】	(如來 若來若去	若住	若坐若臥)
【梵語2】	(如來 若來若去	若住	若坐若臥)
【藏 語】	(如來 若來若去	若住	若坐若臥)
【蒙古語】	(如來 若來若去	若住	若坐若臥)
【定 本】	如來 若來若去	若住	若坐若臥

何以故 如來者 無所從來 亦無所去 故名如來
하 이 고　여 래 자　무 소 종 래　역 무 소 거　고 명 여 래

三十. 一合理相分
삼십 일합리상분

須菩提 若善男子 善女人 以三千大千世界 碎爲微塵
수보리 약선남자 선여인 이삼천대천세계 쇄위미진

於意云何 是微塵衆 寧爲多 不
어의운하 시미진중 영위다 부

甚多 世尊.　何以故 若 是微塵衆 實有者 佛 則不說
심다 세존　하이고 약 시미진중 실유자 불 즉불설

是微塵衆
시미진중

所以者何 佛說　微塵衆 則非微塵衆 是名微塵衆
소이자하 불설　미진중 즉비미진중 시명미진중

世尊 如來所說 三千大千世界 則非世界 是名世界
세존 여래소설 삼천대천세계 즉비세계 시명세계

何以故 若 世界 實有者 則是一合相
하이고 약 세계 실유자 즉시일합상

如來說 一合相 則非一合相 是名一合相
여래설 일합상 즉비일합상 시명일합상

須菩提 一合相者 則是不可說 但凡夫之人 貪着其事
수보리 일합상자 즉시불가설 단범부지인 탐착기사

三十一. 知見不生分
삼십일 지견불생분

鳩摩羅什	須菩提 若人言 佛說 我見 人見 衆生見 壽者見 수보리 약인언 불설 아견 인견 중생견 수자견
	1) 須菩提 於意云何 2) 是人解 我所說義 不 수보리 어의운하 시인해 아소설의 부

定本	須菩提 若人言 佛說 我見 人見 衆生見 壽者見 수보리 약인언 불설 아견 인견 중생견 수자견
	於意云何 是人所說 爲正語 不 어의운하 시인소설 위정어 부

校勘 1: 須菩提 削除

校勘 2:

【羅 什】	是人解我	所說義 不
【流 支】	是人所說	爲正語 不
【眞 諦】	是人言說	爲正語 不
【笈 多】	雖然彼善實	正說語
【玄 奘】	如是所說	爲正語 不
【義 淨】	是爲正說	爲不正耶
【梵語1】	(是人所說	爲正語 不)
【梵語2】	(是人所說	爲正語 不)
【藏 語】	(是人所說	爲正語 不)
【蒙古語】	(是人所說	爲正語 不)
【定 本】	是人所說	爲正語 不

鳩摩羅什	1)不也 世尊 불야 세존	2)是人不解 如來所說義 시인불해 여래소설의
定本	不也 世尊 불야 세존	是人所說 不爲正語 시인소설 불위정어

校勘 1:

【羅 什】		(不也) 世尊
【流 支】	須菩提言	不也 世尊
【眞 諦】	須菩提言	不正 世尊
【笈 多】	善實言	不如此世尊
【玄 奘】	善現答言	不也 世尊 不也善逝
【義 淨】	妙生言	不爾 世尊
【梵語1】		(不也 世尊)
【梵語2】		(不也 世尊)
【藏 語】		(不也 世尊)
【蒙古語】		(不也 世尊)
【定 本】		不也 世尊

校勘 2: 　　　　　　31 / ① 參考

【羅 什】	是人	不解 如來所說義
【流 支】	*****	
【眞 諦】	不正 修伽陀	
【笈 多】	不如此 善逝	
【玄 奘】	如是所說	非爲正語
【義 淨】		
【梵語1】	(是人所說	不爲正語)

【梵語2】	(是人所說	不爲正語)
【藏 語】	(是人所說	不爲正語)
【蒙古語】	(是人所說	不爲正語)

【定 本】	**是人所說**	**不爲正語**

---

31 / ③ 鳩摩羅什 = 定本

何以故 世尊說 我見 人見 衆生見 壽者見 卽非我見 人
하 이 고 세 존 설 아 견 인 견 중 생 견 수 자 견 즉 비 아 견 인

見 衆生見 壽者見 是名 我見 人見 衆生見 壽者見
견 중 생 견 수 자 견 시 명 아 견 인 견 중 생 견 수 자 견

---

31 / ④

鳩摩羅什	須菩提 1)發阿耨多羅三藐三菩提心者 於一切法 수 보 리　발 아 누 다 라 삼 먁 삼 보 리 심 자　어 일 체 법 應如是知 如是見 如是信解 不生法相 응 여 시 지　여 시 견　여 시 신 해　불 생 법 상
定本	須菩提　　發菩薩乘者　　　　於一切法 수 보 리　　발 보 살 승 자　　　　어 일 체 법 應如是知 如是見 如是信解 不生法相 응 여 시 지　여 시 견　여 시 신 해　불 생 법 상

校勘 1:

【羅 什】		發	阿耨多羅三藐三菩提心者
【流 支】	菩薩	發	阿耨多羅三藐三菩提心者
【眞 諦】	若人	行	菩薩乘
【笈 多】			菩薩乘發行

【玄 奘】	諸有 發趣	菩薩乘者
【義 淨】	諸有 發趣	菩薩乘者
【梵語1】	(發	菩薩乘者)
【梵語2】	(發	菩薩乘者)
【藏 語】	(發	菩薩乘者)
【蒙古語】	(發	菩薩乘者)
【定 本】	**發**	**菩薩乘者**

---

31 / ⑤ 鳩摩羅什 = 定本

須菩提 所言 法相者 如來說 卽非法相 是名法相
수보리 소언 법상자 여래설 즉비법상 시명법상

三十二. 應化非眞分
삼 십 이 응 화 비 진 분

鳩摩羅什				

須菩提 1)若有人 2)以滿無量阿僧祇世界七寶 持用
수보리 약유인 이만무량아승기세계칠보 지용

布施 若有善男子 善女人 發菩薩心者 持於此經
보시 약유선남자 선여인 발보살심자 지어차경

乃至 四句偈等 受持讀誦 爲人演說 其福勝彼
내지 사구게등 수지독송 위인연설 기복승피

定本

須菩提   若有人   以滿無量無數世界七寶 持用
수보리   약유인   이만무량무수세계칠보 지용

布施 若復有人   持於此經
보시 약부유인   지어차경

乃至 四句偈等 受持讀誦 爲人演說 其福勝彼
내지 사구게등 수지독송 위인연설 기복승피

校勘 1:   論理的 分析

【羅 什】	若有人	~~~	若有善男子善女人 發菩薩心者
【流 支】	若有菩薩摩訶薩	~~~	若有善男子善女人 發菩薩心者
【眞 諦】	若有菩薩摩訶薩	~~~	若有善男子善女人
【笈 多】	菩薩摩訶薩	~~~	若善家子若善家女
【玄 奘】	若 菩薩摩訶薩	~~~	若善男子或善女人
【義 淨】	若有人	~~~	若復有人
【梵語1】	(若菩薩摩訶薩	~~~	若善男子善女人)

【梵語2】	(若菩薩摩訶薩	~~~	若善男子善女人)
【藏 語】	(若菩薩摩訶薩	~~~	若善男子善女人)
【蒙古語】	(若菩薩	~~~	若復有人)
【定 本】	若有人	~~~	若復有人

校勘 2:

【羅 什】	無量	阿僧祇
【流 支】	無量	阿僧祇
【眞 諦】	無數	無量
【笈 多】	無量	無數
【玄 奘】	無量	無數
【義 淨】	無量	無數
【梵語1】	(無量	無數)
【梵語2】	(無量	無數)
【藏 語】	(無量	無數)
【蒙古語】	(無量	無數)
【定 本】	無量	無數

| 鳩摩羅什 | 云何 爲人演說
운하 위인연설 | 1)不取於相 如如不動
불취어상 여여부동 |
| 定本 | 云何 爲人演說
운하 위인연설 | 不取於相 是名爲人演說
불취어상 시명위인연설 |

校勘 1:   <云何 爲人演說> 參考

| 【羅 什】 | 不取於相 | 如如不動 |
| 【流 支】 | 而不名說 | 是名爲說 |

【眞　諦】	如無所顯說	故言顯說	如如不動 恒有正說
【笈　多】	如不廣說	彼故說名廣說	
【玄　奘】	如不爲他宣說開示	故名爲他宣說開示	
【義　淨】	無法可說	是名正說	
【梵語1】	(不取於相	是名 爲人演說)	
【梵語2】	(不取於相	是名 爲人演說)	
【藏　語】	(不取於相	是名 爲人演說)	
【蒙古語】	(不取於相	是名 爲人演說)	
【定　本】	**不取於相**	**是名 爲人演說**	

鳩摩羅什	何以故　一切有爲法 하 이 고　　일 체 유 위 법 1)如夢幻泡影　如露亦如電 應作如是觀 여 몽 환 포 영　　여 로 역 여 전　응 작 여 시 관
定本	何以故　一切有爲法 하 이 고　　일 체 유 위 법 如星翳燈幻 露泡夢電雲　應作如是觀 여 성 예 등 환　노 포 몽 전 운　응 작 여 시 관

校勘 1:

【羅　什】	如夢幻泡影	如露亦如電
【流　支】	如星翳燈幻	露泡夢電雲
【眞　諦】	如暗翳燈幻	露泡夢電雲
【笈　多】	星翳燈幻	露泡夢電雲
【玄　奘】	如星翳燈幻	露泡夢電雲
【義　淨】	如星翳燈幻	露泡夢電雲

138

【梵語1】	（如星翳燈幻	露泡夢電雲）
【梵語2】	（如星翳燈幻	露泡夢電雲）
【藏　語】	（如星翳燈幻	露泡夢電雲）
【蒙古語】	（如星翳燈幻	露泡夢電雲）
【定　本】	如星翳燈幻	露泡夢電雲

32 / ④

佛說 是經已 長老 須菩提 及 諸比丘 比丘尼
불설 시경이 장로 수보리 급 제비구 비구니

優婆塞 優婆夷 1)*** 一切世間 天 人 阿修羅 ****
우바새 우바이　　　　일체세간 천 인 아수라

聞佛所說 皆大歡喜 信受奉行
문불소설 개대환희 신수봉행

鳩摩羅什 漢文 金剛經 終
구마라집 한문 금강경 종

鳩摩羅什

佛說 是經已 長老 須菩提 及 諸比丘 比丘尼
불설 시경이 장로 수보리 급 제비구 비구니

優婆塞 優婆夷 菩薩 一切世間 天 人 阿修羅 乾闥婆等
우바새 우바이 보살 일체세간 천 인 아수라 건달바등

聞佛所說 皆大歡喜 信受奉行
문불소설 개대환희 신수봉행

定本 漢文 金剛經 終
정본 한문 금강경 종

定本

校勘 1:

【羅 什】	*****	一切世間	天 人	阿修羅		
【流 支】	菩薩摩訶薩	一切世間	天 人	阿修羅	乾闥婆等	
【眞 諦】		一切世間	天 人	天阿修羅		等
【笈 多】	菩薩海	彼	天 人	阿脩羅	乾闥婆等	
【玄 奘】		幷諸世間	天 人	阿素洛	健達縛等	
【義 淨】	菩薩摩訶薩	一切世間	天 人	阿蘇羅		等
【梵語1】	(菩薩	一切世間	天 人	阿修羅	乾闥婆等)	
【梵語2】	(菩薩	一切世間	天 人	阿修羅	乾闥婆等)	
【藏 語】	(菩薩	一切世間	天 人	阿修羅	乾闥婆等)	
【蒙古語】	(菩薩	一切世間	天 人	阿修羅	乾闥婆等)	
【定 本】	菩薩	一切世間	天 人	阿修羅	乾闥婆 等	

140

II. 定本 漢文 金剛經

一. 法會因由分
일 법회인유분

① 如是我聞 一時 佛 在舍衛國 祇樹給孤
여시아문 일시 불 재사위국 기수급고

獨園 與大比丘衆 千二百五十人俱 及
독원 여대비구중 천이백오십인구 급

大菩薩衆. ② 爾時 世尊 於日初分 着衣
대보살중 이시 세존 어일초분 착의

持鉢 入舍衛大城 乞食 於其城中 飯食
지발 입사위대성 걸식 어기성중 반사

訖 還至本處 收衣鉢 洗足已 如常敷座
흘 환지본처 수의발 세족이 여상부좌

結跏趺坐 端身而住 正念不動. ③ 時 諸
결가부좌 단신이주 정념부동 시 제

比丘 來詣佛所 頂禮佛足 右繞三匝 退
비구 내예불소 정례불족 우요삼잡 퇴

坐一面.
좌일면

二. 善現起請分
이 선현기청분

① 時 長老 須菩提 在大衆中 卽從座起
시 장로 수보리 재대중중 즉종좌기

偏袒右肩 右膝着地 合掌恭敬 而白佛
편단우견 우슬착지 합장공경 이백불

言. ② 希有 世尊 如來 善護念諸菩薩 善
언 희유 세존 여래 선호념제보살 선

付囑諸菩薩. ③ 世尊 善男子善女人 發菩
부촉제보살 세존 선남자선여인 발보

薩乘 應云何住 云何修行 云何降伏其
살승 응운하주 운하수행 운하항복기

心? ④ 善哉善哉 須菩提 如汝所說 如來
심 선재선재 수보리 여여소설 여래

善護念諸菩薩 善付囑諸菩薩. ⑤ 須菩提
선호념제보살 선부촉제보살 수보리

汝今諦聽 當爲汝說. 善男子善女人 發
여금제청 당위여설 선남자선여인 발

菩薩乘 應如是住 如是修行 如是降伏其
보살승 응여시주 여시수행 여시항복기

心. ⑥ 唯然 世尊 願樂欲聞.
심 유연 세존 원요욕문

三. 大乘正宗分
삼 대 승 정 종 분

① 湏菩提 善男子善女人 發菩薩乘 應生
　수 보 리 　선 남 자 선 여 인 　발 보 살 승 　응 생

如是心. 所有一切衆生之類 若卵生 若
여 시 심 　소 유 일 체 중 생 지 류 　약 난 생 　약

胎生 若濕生 若化生 若有色 若無色 若
태 생 　약 습 생 　약 화 생 　약 유 색 　약 무 색 　약

有想 若無想 若非有想非無想 我皆令入
유 상 　약 무 상 　약 비 유 상 비 무 상 　아 개 영 입

無餘涅槃 而滅度之. ②如是滅度 無量衆
무 여 열 반 　이 멸 도 지 　　여 시 멸 도 　무 량 중

生 實無衆生 得滅度者. ③何以故 湏菩
생 　실 무 중 생 　득 멸 도 자 　　하 이 고 　수 보

提 若菩薩 有衆生相 卽不名菩薩 ④湏菩
리 　약 보 살 　유 중 생 상 　즉 불 명 보 　　수 보

提 若菩薩 有我相 人相 衆生相 壽者相
리 　약 보 살 　유 아 상 　인 상 　중 생 상 　수 자 상

卽非菩薩.
즉 비 보 살

四. 妙行無住分
사 묘행무주분

① 復次 須菩提 菩薩 於事 應無所住 行
부차 수보리 보살 어사 응무소주 행

於布施. ② 所謂 不住色布施 不住聲香味
어보시 소위 부주색보시 부주성향미

觸法布施. ③ 須菩提 菩薩 應如是布施
촉법보시 수보리 보살 응여시보시

不住於相. ④ 何以故 若菩薩 不住相布施
부주어상 하이고 약보살 부주상보시

其福德 不可思量. ⑤ 須菩提 於意云何
기복덕 불가사량 수보리 어의운하

東方虛空 可思量 不? ⑥ 不也 世尊. ⑦ 須
동방허공 가사량 부 불야 세존 수

菩提 南西北方 四維 上下 虛空 可思量
보리 남서북방 사유 상하 허공 가사량

不? ⑧ 不也 世尊. ⑨ 須菩提 菩薩 無住相
부 불야 세존 수보리 보살 무주상

布施福德 亦復如是 不可思量. ⑩ 須菩提
보시복덕 역부여시 불가사량 수보리

菩薩 應如是布施 不住於相.
보살 응여시보시 부주어상

五. 如理實見分
오 여리실견분

① 湏菩提 於意云何 可以身相 見如來
수보리 어의운하 가이신상 견여래

不? ② 不也 世尊 不可 以身相 得見如來.
부 불야 세존 불가 이신상 득견여래

③ 何以故 如來所說 身相 卽非身相. ④ 湏
하이고 여래소설 신상 즉비신상 수

菩提 凡所有相 皆是虛妄 若見非相 則
보리 범소유상 개시허망 약견비상 즉

非虛妄 諸相非相 則見如來.
비허망 제상비상 즉견여래

六. 正信希有分
육 정신희유분

① 世尊 頗有眾生 於未來世 得聞如是言
세존 파유중생 어미래세 득문여시언

說章句 生實信 不? ② 湏菩提 莫作是說
설장구 생실신 부 수보리 막작시설

如來滅後 後五百歲 有持戒修福智慧者
여래멸후 후오백세 유지계수복지혜자

於此章句 能生信心 以此爲實. ③是人
어차장구 능생신심 이차위실　　시인

不於一佛 而種善根已 於百千萬佛所 種
불어일불 이종선근이 어백천만불소 종

諸善根 聞是章句 乃至 一念生淨信者.
제선근 문시장구 내지 일념생정신자

④須菩提 如來 悉知悉見. 是諸衆生 得
수보리 여래 실지실견　시제중생 득

無量福德. ⑤何以故 是諸衆生 無復我相
무량복덕　　하이고 시제중생 무부아상

人相 衆生相 壽者相. ⑥無法相 亦 無非
인상 중생상 수자상　　무법상 역 무비

法相. ⑦何以故 是諸衆生 若取法相 卽
법상　　하이고 시제중생 약취법상 즉

着我人衆生壽者 何以故 若取非法相 卽
착아인중생수자 하이고 약취비법상 즉

着我人衆生壽者. ⑧是故 菩薩 不應取法
착아인중생수자　　시고 보살 불응취법

不應取非法. ⑨以是義故 如來常說 汝等
불응취비법　　이시의고 여래상설 여등

比丘 知我說法 如筏喩者 法尙應捨 何
비구 지아설법 여벌유자 법상응사 하

況非法.
황비법

148

七. 無得無說分
칠 무득무설분

① 湏菩提 於意云何 有法 如來 得阿耨多
수보리 어의운하 유법 여래 득아누다

羅三藐三菩提耶 有法 如來 有所說法
라삼먁삼보리야 유법 여래 유소설법

耶? ② 世尊 如我解佛所說義 無有定法
야 세존 여아해불소설의 무유정법

名阿耨多羅三藐三菩提 亦 無有定法 如
명아누다라삼먁삼보리 역 무유정법 여

來可說. ③ 何以故 如來所說法 皆不可取
래가설 하이고 여래소설법 개불가취

不可說. ④ 非法 非非法. ⑤ 所以者何 一
불가설 비법 비비법 소이자하 일

切賢聖 皆以無爲法 而有差別.
체현성 개이무위법 이유차별

八. 依法出生分
팔 의법출생분

① 須菩提 於意云何 若人滿三千大千世
수보리 어의운하 약인만삼천대천세

界七寶 以用布施 是人所得福德 寧爲多
계칠보 이용보시 시인소득복덕 영위다

不? ② 甚多 世尊 何以故 是福德 卽非福
부　　심다 세존 하이고 시복덕 즉비복

德性 是故 如來說 福德多. ③ 須菩提 若
덕성 시고 여래설 복덕다　　수보리 약

復有人 於此經中 受持 乃至 四句偈等
부유인 어차경중 수지 내지 사구게등

爲他人說 其福勝彼. ④ 何以故 須菩提
위타인설 기복승피　　하이고 수보리

一切諸佛 及 諸佛阿耨多羅三藐三菩提
일체제불 급 제불아누다라삼먁삼보리

法 皆從此經出. ⑤ 須菩提 所謂 佛法者
법 개종차경출　　수보리 소위 불법자

卽非佛法 是名佛法.
즉비불법 시명불법

九. 一相無相分
구 일상무상분

① 須菩提 於意云何 須陀洹 能作是念 我
수보리 어의운하 수다원 능작시념 아

得須陀洹果 不? ② 不也 世尊 何以故 須
득수다원과 부 불야 세존 하이고 수

陀洹 名爲入流 而無所入 是名須陀洹.
다원 명위입류 이무소입 시명수다원

不入色聲香味觸法 是名須陀洹. ③ 須菩
불입색성향미촉법 시명수다원 수보

提 於意云何 斯陀含 能作是念 我得斯
리 어의운하 사다함 능작시념 아득사

陀含果 不? ④ 不也 世尊 何以故 斯陀含
다함과 부 불야 세존 하이고 사다함

名一往來 而實無往來 是名斯陀含. ⑤ 須
명일왕래 이실무왕래 시명사다함 수

菩提 於意云何 阿那含 能作是念 我得
보리 어의운하 아나함 능작시념 아득

阿那含果 不? ⑥ 不也 世尊 何以故 阿那
아나함과 부 불야 세존 하이고 아나

含 名爲不來 而實無不來 是故 名阿那
함 명위불래 이실무불래 시고 명아나

含. ⑦須菩提 於意云何 阿羅漢 能作是
함　수보리 어의운하 아라한 능작시

念 我得阿羅漢道 不? ⑧不也 世尊 何以
념 아득아라한도 부　불야 세존 하이

故 實無有法 名阿羅漢. ⑨世尊 若阿羅
고 실무유법 명아라한　세존 약아라

漢作是念 我得阿羅漢道 卽 爲着我人衆
한작시념 아득아라한도 즉 위착아인중

生壽者. ⑩世尊 佛說 我得無諍三昧人中
생수자　세존 불설 아득무쟁삼매인중

寂爲第一 是第一離欲阿羅漢 而我不作
최위제일 시제일이욕아라한 이아부작

是念 我是離欲阿羅漢. ⑪世尊 我若作是
시념 아시이욕아라한　세존 아약작시

念 我得阿羅漢道 世尊 則不說 須菩提
념 아득아라한도 세존 즉불설 수보리

是樂阿蘭那行者. ⑫以須菩提實無所行
시 요아란나행자　이수보리실무소행

而名須菩提 是樂阿蘭那行.
이명수보리 시요아란나행

152

十. 莊嚴淨土分
십 장엄정토분

① 須菩提 於意云何 如來昔在 然燈佛所
수보리 어의운하 여래석재 연등불소

於法 有所得 阿耨多羅三藐三菩提 不?
어법 유소득 아누다라삼먁삼보리 부

② 不也 世尊 如來在 然燈佛所 於法 實
불야 세존 여래재 연등불소 어법 실

無所得 阿耨多羅三藐三菩提. ③ 須菩提
무소득 아누다라삼먁삼보리 수보리

若菩薩 作如是言 我當 莊嚴佛土 彼菩
약보살 작여시언 아당 장엄불토 피보

薩 不實語. ④ 何以故 莊嚴佛土者 則非
살 부실어 하이고 장엄불토자 즉비

莊嚴 是名莊嚴. ⑤ 是故 須菩提 諸菩薩
장엄 시명장엄 시고 수보리 제보살

摩訶薩 應如是生淸淨心 不應住色生心
마하살 응여시생청정심 불응주색생심

不應住聲香味觸法生心. 應無所住 而生
불응주성향미촉법생심 응무소주 이생

其心. ⑥ 須菩提 譬如有人 身如須彌山王
기심 수보리 비여유인 신여수미산왕

於意云何 是身爲大 不? ⑦甚大 世尊 何
어의운하 시신위대 부　　심대 세존 하

以故 佛說 非身 是名大身.
이고 불설 비신 시명대신

十一. 無爲福勝分
십일 무위복승분

①須菩提 於意云何 如恒河中所有沙數
수보리 어의운하 여강가중소유사수

如是沙等恒河 是諸恒河沙 寧爲多 不?
여시사등강가 시제강가사 영위다 부

②甚多 世尊 但諸恒河 尚多無數 何況
심다 세존 단제강가 상다무수 하황

其沙. ③須菩提 我今 實言告汝 若有善
기사　수보리 아금 실언고여 약유선

男子善女人 以七寶 滿爾所恒河沙數世
남자선여인 이칠보 만이소강가사수세

界 以用布施 得福多 不? ④甚多 世尊. ⑤
계 이용보시 득복다 부　　심다 세존

須菩提 若善男子善女人 於此經中 乃至
수보리 약선남자선여인 어차경중 내지

受持 四句偈等 爲他人說 而此福德 勝
수지 사구게등 위타인설 이차복덕 승

前福德.
전 복 덕

十二. 尊重正教分
십 이 존 중 정 교 분

① 復次 湏菩提 隨說是經 乃至 四句偈等
부 차 수 보 리 수 설 시 경 내 지 사 구 게 등

當知 此處 一切世間 天 人 阿修羅 皆應
당 지 차 처 일 체 세 간 천 인 아 수 라 개 응

供養 如佛塔廟. ② 何况有人 盡能受持讀
공 양 여 불 탑 묘   하 황 유 인 진 능 수 지 독

誦 爲他人說. ③ 湏菩提 當知 是人 成就
송 위 타 인 설   수 보 리 당 지 시 인 성 취

寂上 第一希有功德. ④ 若是經典 所在之
최 상 제 일 희 유 공 덕   약 시 경 전 소 재 지

處 則爲有佛 若尊重弟子.
처 즉 위 유 불 약 존 중 제 자

十三. 如法受持分
십삼 여법수지분

① 世尊 當何名此經 我等云何奉持? ② 須
세존 당하명차경 아등운하봉지 수

菩提 是經 名爲 金剛般若波羅蜜 以是
보리 시경 명위 금강반야바라밀 이시

名字 汝當奉持. ③ 所以者何 須菩提 佛
명자 여당봉지 소이자하 수보리 불

說 般若波羅蜜 則非般若波羅蜜 是名
설 반야바라밀 즉비반야바라밀 시명

般若波羅蜜. ④ 須菩提 於意云何 如來有
반야바라밀 수보리 어의운하 여래유

所說法 不? ⑤ 不也 世尊 如來無所說. ⑥
소설법 부 불야 세존 여래무소설

須菩提 於意云何 三千大千世界所有微
수보리 어의운하 삼천대천세계소유미

塵 是爲多 不? ⑦ 甚多 世尊 何以故 諸微
진 시위다 부 심다 세존 하이고 제미

塵 如來說 非微塵 是名微塵. ⑧如來說
진 여래설 비미진 시명미진 여래설

世界 非世界 是名世界. ⑨須菩提 於意
세계 비세계 시명세계 수보리 어의

云何 可以三十二相 見如來 不? ⑩不也
운하 가이삼십이상 견여래부 불야

世尊 不可 以三十二相 得見如來. ⑪何
세존 불가 이삼십이상 득견여래 하

以故 如來說 三十二相 卽是非相 是名
이고 여래설 삼십이상 즉시비상 시명

三十二相. ⑫須菩提 若有人 以恒河沙等
삼십이상 수보리 약유인 이강가사등

身命布施 若復有人 於此經中 乃至 受
신명보시 약부유인 어차경중 내지 수

持 四句偈等 爲他人說 其福甚多 於前
지 사구게등 위타인설 기복심다 어전

福德.
복덕

十四. 離相寂滅分
십사 이상적멸분

①爾時 須菩提 聞說是經 深解義趣 涕淚
이시 수보리 문설시경 심해의취 체루

悲泣 而白佛言. ②希有 世尊 佛說 如是
비읍 이백불언 희유 세존 불설 여시

甚深經典. ③我從昔來 所得慧眼. ④未曾
심심경전 아종석래 소득혜안 미증

得聞 如是之經. ⑤世尊 若復有人 得聞
득문 여시지경　　세존 약부유인 득문

是經 則生實相. 當知 是人成就第一 希
시경 즉생실상　당지 시인성취제일 희

有功德. ⑥世尊 是實相者 則是非相 是
유공덕　　세존 시실상자 즉시비상 시

故 如來說 名實相. ⑦世尊 我今得聞 如
고 여래설 명실상　　세존 아금득문 여

是經典 信解受持 不足爲難 若當來世
시경전 신해수지 부족위난 약당래세

後五百歲 其有衆生得聞是經 信解受持
후오백세 기유중생득문시경 신해수지

讀誦 爲他人說 是人 則爲第一希有. ⑧
독송 위타인설 시인 즉위제일희유

何以故 此人 無我相 人相 衆生相 壽者
하이고 차인 무아상 인상 중생상 수자

相. ⑨所以者何 我相 卽是非相 人相 衆
상　소이자하 아상 즉시비상 인상 중

生相 壽者相 卽是非相. ⑩何以故 離一
생상 수자상 즉시비상　　하이고 이일

切諸相 則名諸佛. ⑪須菩提 如是如是
체제상 즉명제불　　수보리 여시여시

若復有人 得聞是經 不驚 不怖 不畏 當
약부유인 득문시경 불경 불포 불외 당

知 是人 甚爲希有. ⑫何以故 湏菩提 如
지 시인 심위희유　　하이고 수보리 여

來說 第一波羅蜜 非第一波羅蜜 是名第
래설 제일바라밀 비제일바라밀 시명제

一波羅蜜. ⑬湏菩提 忍辱波羅蜜 如來說
일바라밀　　수보리 인욕바라밀 여래설

非忍辱波羅蜜. ⑭何以故 湏菩提 如我昔
비인욕바라밀　　하이고 수보리 여아석

爲歌利王 割截身體 我於爾時 無我相
위가리왕 할절신체 아어이시 무아상

無人相 無衆生相 無壽者相. ⑮何以故 我
무인상 무중생상 무수자상　　하이고 아

於往昔節節支解時 若有我相 人相 衆生
어왕석절절지해시 약유아상 인상 중생

相 壽者相 應生瞋恨. ⑯湏菩提 又念過去
상 수자상 응생진한　　수보리 우념과거

於五百世 作忍辱仙人 於爾所世 無我相
어오백세 작인욕선인 어이소세 무아상

無人相 無衆生相 無壽者相. ⑰是故 湏
무인상 무중생상 무수자상　　시고 수

菩提 菩薩 應離一切相 發阿耨多羅三
보리 보살 응리일체상 발아누다라삼

藐三菩提心. ⑱不應住色生心 不應住聲
먁삼보리심　　불응주색생심 불응주성

香味觸法生心. ⑲應生無所住心 若心有
향 미 촉 법 생 심　　응 생 무 소 주 심　약 심 유

住 則爲非住. ⑳是故 佛說 菩薩 不應住
주 즉 위 비 주　　시 고 불 설 보 살 불 응 주

色布施 不應住聲香味觸法布施. ㉑須菩
색 보 시 불 응 주 성 향 미 촉 법 보 시　　수 보

提 菩薩 爲利益一切衆生 應如是布施.
리 보 살 위 이 익 일 체 중 생 응 여 시 보 시

㉒如來說 此衆生相 卽是非相 又說 一切
여 래 설 차 중 생 상 즉 시 비 상 우 설 일 체

衆生 則非衆生. ㉓須菩提 如來 是眞語
중 생 즉 비 중 생　　수 보 리 여 래 시 진 어

者 實語者 如語者. 不誑語者 不異語者.
자 실 어 자 여 어 자　불 광 어 자 불 이 어 자

㉔須菩提 如來所得法 此法 無實無虛. ㉕
수 보 리 여 래 소 득 법 차 법 무 실 무 허

須菩提 若菩薩 心住於事 而行布施 如
수 보 리 약 보 살 심 주 어 사 이 행 보 시 여

人入闇 則無所見. ㉖須菩提 若菩薩 心
인 입 암 즉 무 소 견　　수 보 리 약 보 살 심

不住事 而行布施 如人有目 日光明照
부 주 사 이 행 보 시 여 인 유 목 일 광 명 조

見種種色. ㉗須菩提 若有善男子善女人
견 종 종 색　　수 보 리 약 유 선 남 자 선 여 인

能於此經 受持讀誦 爲他人說 則爲如來
능 어 차 경　수 지 독 송　위 타 인 설　즉 위 여 래

以佛智慧 悉知是人 悉見是人 皆得成就
이 불 지 혜　실 지 시 인　실 견 시 인　개 득 성 취

無量無邊 功德.
무 량 무 변　공 덕

十五. 持經功德分
십 오　지 경 공 덕 분

①湏菩提 若有人 初日分 以恒河沙等身
　수 보 리　약 유 인　초 일 분　이 강 가 사 등 신

布施 中日分 復以恒河沙等身布施 後日
보 시　중 일 분　부 이 강 가 사 등 신 보 시　후 일

分 亦以恒河沙等身布施 如是百千萬億
분　역 이 강 가 사 등 신 보 시　여 시 백 천 만 억

劫 以身布施 若復有人 聞此經典 信心
겁　이 신 보 시　약 부 유 인　문 차 경 전　신 심

不謗 其福勝彼. ②何況書寫 受持讀誦
불 방　기 복 승 피　　하 황 서 사　수 지 독 송

爲人解說. ③湏菩提 是經有 不可思議
위 인 해 설　　수 보 리　시 경 유　불 가 사 의

不可稱量 功德. ④如來 爲發大乘者說 爲
불 가 칭 량　공 덕　　여 래　위 발 대 승 자 설　위

發㝡上乘者說. ⑤若有人 能受持讀誦 廣
발 최 상 승 자 설　　약 유 인　능 수 지 독 송　광

爲人說 如來 悉知是人 悉見是人 皆得
위 인 설　여 래　실 지 시 인　실 견 시 인　개 득

成就 不可量 不可稱 無有邊 不可思議
성 취　불 가 량　불 가 칭　무 유 변　불 가 사 의

功德. ⑥如是人等 則爲荷擔 如來阿耨多
공 덕　　여 시 인 등　즉 위 하 담　여 래 아 누 다

羅三藐三菩提. ⑦何以故 須菩提 若樂小
라 삼 먁 삼 보 리　　하 이 고　수 보 리　약 요 소

法者 着我見 人見 衆生見 壽者見 則於
법 자　착 아 견　인 견　중 생 견　수 자 견　즉 어

此經 不能 聽受讀誦 爲人解說. ⑧須菩
차 경　불 능　청 수 독 송　위 인 해 설　　수 보

提 在在處處 若有此經 一切世間 天 人
리　재 재 처 처　약 유 차 경　일 체 세 간　천　인

阿修羅 所應供養 當知 此處 則爲是塔
아 수 라　소 응 공 양　당 지　차 처　즉 위 시 탑

皆應恭敬 作禮圍繞 以諸華香 而散其
개 응 공 경　작 례 위 요　이 제 화 향　이 산 기

處.
처

十六. 能淨業障分
십육 능정업장분

① 復次 須菩提 善男子善女人 受持讀誦
부차 수보리 선남자선여인 수지독송

此經 爲他人說 若爲人輕賤 是人 先世
차경 위타인설 약위인경천 시인 선세

罪業 應墮惡道 以今世人輕賤故 先世罪
죄업 응타악도 이금세인경천고 선세죄

業 則爲消滅 當得阿耨多羅三藐三菩提.
업 즉위소멸 당득아누다라삼먁삼보리

② 須菩提 我念過去 百千萬億阿僧祇劫
수보리 아념과거 백천만억아승기겁

於然燈佛前 得値八萬四千 萬億那由他
어연등불전 득치팔만사천 만억나유타

諸佛 悉皆供養承事 無空過者. ③ 若復有
제불 실개공양승사 무공과자 약부유

人 於後末世 能受持讀誦此經 爲他人說
인 어후말세 능수지독송차경 위타인설

所得功德 於我所供養諸佛功德 百分 不
소득공덕 어아소공양제불공덕 백분 불

及一 千萬億分 乃至 算數譬喩 所不能
급일 천만억분 내지 산수비유 소불능

及. ④須菩提 若善男子善女人 於後末世
급　　수보리　약선남자선여인　어후말세

有受持讀誦此經 爲他人說 所得功德 我
유수지독송차경　위타인설　소득공덕　아

若具說者 或有人聞 心則狂亂 狐疑不
약구설자　혹유인문　심즉광란　호의불

信. ⑤須菩提 當知 是經義 不可思議 果
신　　수보리　당지　시경의　불가사의　과

報 亦 不可思議.
보　역　불가사의

十七. 究竟無我分
십칠　구경무아분

①世尊 善男子善女人 發菩薩乘 云何應
세존　선남자선여인　발보살승　운하응

住 云何修行 云何降伏其心? ②須菩提
주　운하수행　운하항복기심　　수보리

善男子善女人 發菩薩乘 當生如是心 我
선남자선여인　발보살승　당생여시심　아

應滅度 一切衆生. ③滅度一切衆生已 而
응멸도　일체중생　　멸도일체중생이　이

無有一衆生 實滅度者. ④何以故 須菩提
무유일중생　실멸도자　　하이고　수보리

若菩薩 有我相 人相 衆生相 壽者相 則
약보살 유아상 인상 중생상 수자상 즉

非菩薩. ⑤所以者何 湏菩提 實無有法
비보살　소이자하 수보리 실무유법

名發菩薩乘者. ⑥湏菩提 於意云何 如來
명발보살승자　수보리 어의운하 여래

於然燈佛所 有法 得阿耨多羅三藐三菩
어연등불소 유법 득아누다라삼먁삼보

提 不? ⑦不也 世尊 如我解佛所說義 佛
리 부　불야 세존 여아해불소설의 불

於然燈佛所 無有法 得阿耨多羅三藐三
어연등불소 무유법 득아누다라삼먁삼

菩提. ⑧如是如是 湏菩提 實無有法 如
보리　여시여시 수보리 실무유법 여

來 得阿耨多羅三藐三菩提. ⑨湏菩提 若
래 득아누다라삼먁삼보리　수보리 약

有法 如來 得阿耨多羅三藐三菩提者 然
유법 여래 득아누다라삼먁삼보리자 연

燈佛 則不與我受記 汝於來世 當得作佛
등불 즉불여아수기 여어래세 당득작불

號釋迦牟尼. ⑩以實無有法 如來 得阿耨
호석가모니　이실무유법 여래 득아누

多羅三藐三菩提 是故 然燈佛 與我受記
다라삼먁삼보리 시고 연등불 여아수기

作是言 汝於來世 當得作佛 號釋迦牟
작시언 여어래세 당득작불 호석가모

尼. ⑪ 須菩提 如來者 卽諸法如義. ⑫ 須
니 수보리 여래자 즉제법여의 수

菩提 若有人言 有法 如來 得阿耨多羅
보리 약유인언 유법 여래 득아누다라

三藐三菩提 卽爲謗我 爲非善取. ⑬ 須菩
삼먁삼보리 즉위방아 위비선취 수보

提 實無有法 如來 得阿耨多羅三藐三菩
리 실무유법 여래 득아누다라삼먁삼보

提. ⑭ 須菩提 如來所得 阿耨多羅三藐三
리 수보리 여래소득 아누다라삼먁삼

菩提 於是中 無實無虛 是故 如來說 一
보리 어시중 무실무허 시고 여래설 일

切法 皆是佛法. ⑮ 須菩提 所言 一切法
체법 개시불법 수보리 소언 일체법

者 卽非一切法 是故名一切法. ⑯ 須菩提
자 즉비일체법 시고명일체법 수보리

譬如人身長大. ⑰ 世尊 如來說 人身長大
비여인신장대 세존 여래설 인신장대

則爲非大身 是名大身. ⑱ 須菩提 菩薩亦
즉위비대신 시명대신 수보리 보살역

如是 若作是言 我當滅度 無量衆生 則
여시 약작시언 아당멸도 무량중생 즉

166

不名菩薩. ⑲須菩提 於意云何 頗有實法
불 명 보 살　　수 보 리　어 의 운 하　파 유 실 법

名爲菩薩? ⑳不也 世尊 實無有法 名爲
명 위 보 살　　불 야　세 존　실 무 유 법 명 위

菩薩. ㉑須菩提 衆生者 非衆生 是名衆
보 살　　수 보 리　중 생 자　비 중 생　시 명 중

生. ㉒是故 佛說 一切法 無我 無人 無衆
생　　시 고　불 설　일 체 법　무 아　무 인　무 중

生 無壽者. ㉓須菩提 若菩薩 作是言 我
생　무 수 자　　수 보 리　약 보 살　작 시 언　아

當莊嚴佛土 是不名菩薩. ㉔何以故 如來
당 장 엄 불 토　시 불 명 보 살　　하 이 고　여 래

說 莊嚴佛土者 卽非莊嚴 是名莊嚴. ㉕
설　장 엄 불 토 자　즉 비 장 엄　시 명 장 엄

須菩提 若菩薩 通達無我法者 如來說名
수 보 리　약 보 살　통 달 무 아 법 자　여 래 설 명

眞是菩薩.
진 시 보 살

十八. 一體同觀分
십 팔   일 체 동 관 분

① 須菩提 於意云何 如來有肉眼 不? ②
　　수 보 리 어 의 운 하 여 래 유 육 안 부

如是 世尊 如來有肉眼. ③須菩提 於意
여 시 세 존 여 래 유 육 안　　수 보 리 어 의

云何 如來有天眼 不? ④如是 世尊 如來
운 하 여 래 유 천 안 부　　여 시 세 존 여 래

有天眼. ⑤須菩提 於意云何 如來有慧
유 천 안　　수 보 리 어 의 운 하 여 래 유 혜

眼 不? ⑥如是 世尊 如來有慧眼. ⑦須菩
안 부　　여 시 세 존 여 래 유 혜 안　　수 보

提 於意云何 如來有法眼 不? ⑧如是 世
리 어 의 운 하 여 래 유 법 안 부　　여 시 세

尊 如來有法眼. ⑨須菩提 於意云何 如
존 여 래 유 법 안　　수 보 리 어 의 운 하 여

來有佛眼 不? ⑩如是 世尊 如來有佛眼.
래 유 불 안 부　　여 시 세 존 여 래 유 불 안

⑪須菩提 於意云何 恒河中所有沙 佛說
　　수 보 리 어 의 운 하 강 가 중 소 유 사 불 설

是沙 不? ⑫如是 世尊 如來說是沙. ⑬須
시 사 부　　여 시 세 존 여 래 설 시 사　　수

菩提 於意云何 如一恒河中所有沙 有如
보리 어의운하 여일강가중소유사 유여

是等恒河 是諸恒河所有沙數 世界 如是
시등강가 시제강가소유사수 세계 여시

寧爲多 不? ⑭甚多 世尊. ⑮須菩提 爾所
영위다 부 심다 세존 수보리 이소

國土中 所有衆生 若干種心 如來悉知.
국토중 소유중생 약간종심 여래실지

⑯何以故 如來說 諸心 皆爲非心 是名爲
하이고 여래설 제심 개위비심 시명위

心. ⑰所以者何 須菩提 過去心不可得
심 소이자하 수보리 과거심불가득

未來心不可得 現在心不可得.
미래심불가득 현재심불가득

十九. 法界通化分
십구 법계통화분

①須菩提 於意云何 若有人 滿三千大千
수보리 어의운하 약유인 만삼천대천

世界七寶 以用布施 是人 以是因緣 得
세계칠보 이용보시 시인 이시인연 득

福多 不? ②如是 世尊 此人 以是因緣 得
복다 부 여시 세존 차인 이시인연 득

福 甚多. ③須菩提 若福德有實 如來不
복 심다　　수보리 약복덕유실 여래불

說 得福德多. ④以福德 無故 如來說 得
설 득복덕다　　이복덕 무고 여래설 득

福德多.
복덕다

二十. 離色離相分
이십　이색이상분

① 須菩提 於意云何 如來 可以具足色身
수보리 어의운하 여래 가이구족색신

見 不? ② 不也 世尊 如來 不應 以具足色
견 부　 불야 세존 여래 불응 이구족색

身 見. ③ 何以故 如來說 具足色身 即非
신 견　 하이고 여래설 구족색신 즉비

具足色身 是名具足色身. ④ 須菩提 於意
구족색신 시명구족색신　　수보리 어의

云何 如來 可以具足諸相見 不? ⑤ 不也
운하 여래 가이구족제상견 부　 불야

世尊 如來 不應 以具足諸相 見. ⑥ 何以
세존 여래 불응 이구족제상 견　 하이

故 如來說 諸相具足 即非具足 是名諸
고 여래설 제상구족 즉비구족 시명제

相具足.
상 구 족

二十一. 非說所說分
이 십 일 　 비 설 소 설 분

① 須菩提 於意云何 如來作是念 我當有
수 보 리 　 어 의 운 하 　 여 래 작 시 념 　 아 당 유

所說法 不? ② 不也 世尊. ③ 須菩提 若人
소 설 법 부 　 　 불 야 세 존 　 　 수 보 리 약 인

言 如來有所說法 卽爲謗我 爲非善取.
언 　 여 래 유 소 설 법 　 즉 위 방 아 　 위 비 선 취

④ 須菩提 說法者 無法可說 是名說法. ⑤
수 보 리 　 설 법 자 　 무 법 가 설 　 시 명 설 법

世尊 頗有衆生 於未來世 聞說是法 生
세 존 　 파 유 중 생 　 어 미 래 세 　 문 설 시 법 　 생

信心 不? ⑥ 須菩提 彼非衆生 非不衆生.
신 심 부 　 　 수 보 리 　 피 비 중 생 　 비 불 중 생

⑦ 何以故 須菩提 衆生衆生者 如來說 非
하 이 고 수 보 리 　 중 생 중 생 자 　 여 래 설 비

衆生 是名衆生.
중 생 　 시 명 중 생

二十二. 無法可得分
이십이 무법가득분

① 須菩提 於意云何 有法 如來 得阿耨多
수보리 어의운하 유법 여래 득아누다

羅三藐三菩提 不? ② 不也 世尊 無有少
라삼먁삼보리 부 불야 세존 무유소

法 佛 得阿耨多羅三藐三菩提. ③ 如是如
법 불 득아누다라삼먁삼보리 여시여

是 須菩提 我於阿耨多羅三藐三菩提 乃
시 수보리 아어아누다라삼먁삼보리 내

至 無有少法可得 是名阿耨多羅三藐三
지 무유소법가득 시명아누다라삼먁삼

菩提.
보리

二十三. 淨心行善分
이십삼 정심행선분

① 復次 須菩提 是法平等 無有高下 是名
부차 수보리 시법평등 무유고하 시명

阿耨多羅三藐三菩提. ② 以無我 無人 無
아누다라삼먁삼보리 이무아 무인 무

衆生 無壽者 修一切善法 則得阿耨多羅
중생 무수자 수일체선법 즉득아누다라

三藐三菩提. ③須菩提 所言 善法者 如
삼먁삼보리 수보리 소언 선법자 여

來說 卽非善法 是名善法.
래설 즉비선법 시명선법

二十四. 福智無比分
이십사 복지무비분

①須菩提 若三千大千世界中 所有諸須
수보리 약삼천대천세계중 소유제수

彌山王 如是等七寶聚 有人 持用布施
미산왕 여시등칠보취 유인 지용보시

若人 以此般若波羅蜜經 乃至 四句偈等
약인 이차반야바라밀경 내지 사구게등

受持讀誦 爲他人說 前說福德 於此福德
수지독송 위타인설 전설복덕 어차복덕

百分 不及一 千萬億分 乃至 筭數譬喩
백분 불급일 천만억분 내지 산수비유

所不能及.
소불능급

二十五. 化無所化分
이십오 화무소화분

① 須菩提 於意云何 如來作是念 我當度
수보리 어의운하 여래작시념 아당도

衆生? 須菩提 莫作是念. 何以故 實無
중생 수보리 막작시념 하이고 실무

有衆生 如來度者. ② 若有衆生 如來度者
유중생 여래도자 약유중생 여래도자

如來 則有我人衆生壽者. ③ 須菩提 如來
여래 즉유아인중생수자 수보리 여래

說 有我者 則非有我 而凡夫之人 以爲
설 유아자 즉비유아 이범부지인 이위

有我. ④ 須菩提 凡夫者 如來說 則非凡
유아 수보리 범부자 여래설 즉비범

夫 是名凡夫.
부 시명범부

174

二十六. 法身非相分
이십육 법신비상분

① 須菩提 於意云何 可以具足相 觀如來
수보리 어의운하 가이구족상 관여래

不? ② 不也 世尊 不應 以具足相 觀如來.
부 불야 세존 불응 이구족상 관여래

③ 如是如是 須菩提 如汝所說 不應 以具
여시여시 수보리 여여소설 불응 이구

足相 觀如來. ④ 若以具足相 觀如來者
족상 관여래 약이구족상 관여래자

轉輪聖王 則是如來. ⑤ 世尊 如我解 佛
전륜성왕 즉시여래 세존 여아해 불

所說義 不應 以具足相 觀如來. ⑥ 爾時
소설의 불응 이구족상 관여래 이시

世尊 而說偈言 若以色見我 以音聲求我
세존 이설게언 약이색견아 이음성구아

是人行邪道 不能見如來. ⑦ 應觀佛法性
시인행사도 불능견여래 응관불법성

卽導師法身 法性非所識 故彼不能了.
즉도사법 법성비소식 고피불능료

二十七. 無斷無滅分
이십칠 무단무멸분

① 須菩提 於意云何 如來 可以具足相 故
수보리 어의운하 여래 가이구족상 고

得阿耨多羅三藐三菩提 不? ② 須菩提 莫
득아누다라삼먁삼보리부 수보리 막

作是念 如來 不以具足相 故得阿耨多羅
작시념 여래 불이구족상 고득아누다라

三藐三菩提. ③ 須菩提 汝若作是念 發菩
삼먁삼보리 수보리 여약작시념 발보

薩乘者 說諸法斷滅相 莫作是念. ④ 何以
살승자 설제법단멸상 막작시념 하이

故 發菩薩乘者 於法 不說斷滅相.
고 발보살승자 어법 불설단멸상

二十八. 不受不貪分
이십팔 불수불탐분

① 須菩提 若有人 以滿恒河沙等世界七
수보리 약유인 이만강가사등세계칠

寶 持用布施 若有菩薩 於一切法 無我得
보 지용보시 약유보살 어일체법 무아득

成於忍 此功德 勝前所得功德. ②須菩提
성 어 인 차 공 덕 승 전 소 득 공 덕　　수 보 리

菩薩 不受福德故. ③世尊 云何菩薩 不
보 살 불 수 복 덕 고　　세 존 운 하 보 살 불

受福德? ④須菩提 菩薩 所作福德 不應
수 복 덕　　수 보 리 보 살 소 작 복 덕 불 응

貪着 是故說 不受福德.
탐 착 시 고 설 불 수 복 덕

二十九. 威儀寂靜分
이 십 구　위 의 적 정 분

①須菩提 若有人言 如來 若來 若去 若
수 보 리 약 유 인 언 여 래 약 래 약 거 약

住 若坐 若臥 是人不解 我所說義. ②何
주 약 좌 약 와 시 인 불 해 아 소 설 의　　하

以故 如來者 無所從來 亦無所去 故名
이 고 여 래 자 무 소 종 래 역 무 소 거 고 명

如來.
여 래

三十. 一合理相分
삼십 일합이상분

① 須菩提 若善男子善女人 以三千大千世
수보리 약선남자선여인 이삼천대천세

界 碎爲微塵 於意云何 是微塵衆 寧爲多
계 쇄위미진 어의운하 시미진중 영위다

不? ② 甚多 世尊 何以故 若是微塵衆 實
부 심다 세존 하이고 약시미진중 실

有者 佛則不說 是微塵衆. ③ 所以者何 佛
유자 불즉불설 시미진중 소이자하 불

說 微塵衆 則非微塵衆 是名微塵衆. ④ 世
설 미진중 즉비미진중 시명미진중 세

尊 如來所說 三千大千世界 則非世界 是
존 여래소설 삼천대천세계 즉비세계 시

名世界. ⑤ 何以故 若世界 實有者 則是一
명세계 하이고 약세계 실유자 즉시일

合相. ⑥ 如來說 一合相 則非一合相 是名
합상 여래설 일합상 즉비일합상 시명

一合相. ⑦ 須菩提 一合相者 則是不可說.
일합상 수보리 일합상자 즉시불가설

但凡夫之人 貪着其事.
단범부지인 탐착기사

178

三十一. 知見不生分
삼십일 지견불생분

① 須菩提 若人言 佛說 我見 人見 衆生
수보리 약인언 불설 아견 인견 중생

見 壽者見 於意云何 是人所說 爲正語
견 수자견 어의운하 시인소설 위정어

不? ② 不也 世尊 是人所說 不爲正語. ③
부 불야 세존 시인소설 불위정어

何以故 世尊說 我見 人見 衆生見 壽者
하이고 세존설 아견 인견 중생견 수자

見 卽非我見 人見 衆生見 壽者見 是名
견 즉비아견 인견 중생견 수자견 시명

我見 人見 衆生見 壽者見. ④ 須菩提 發
아견 인견 중생견 수자견 수보리 발

菩薩乘者 於一切法 應如是知 如是見
보살승자 어일체법 응여시지 여시견

如是信解 不生法相. ⑤ 須菩提 所言 法
여시신해 불생법상 수보리 소언 법

相者 如來說 卽非法相 是名法相
상자 여래설 즉비법상 시명법

三十二. 應化非眞分
삼십이 응화비진분

① 須菩提 若有人 以滿無量無數世界 七
수보리 약유인 이만무량무수세계 칠

寶 持用布施 若復有人 持於此經 乃至
보 지용보시 약부유인 지어차경 내지

四句偈等 受持讀誦 爲人演說 其福勝
사구게등 수지독송 위인연설 기복승

彼. ② 云何 爲人演說? 不取於相 是名爲
피 운하 위인연설 불취어상 시명위

人演說. ③ 何以故 一切有爲法 如星翳燈
인연설 하이 일체유위법 여성예등

幻 露泡夢電雲 應作如是觀. ④ 佛說 是
노 포몽전운 응작여시관 불설 시

經已 長老 須菩提 及 諸比丘 比丘尼 優
경이 장로 수보리 급 제비구 비구니 우

婆塞 優婆夷 菩薩 一切世間 天 人 阿修
바새 우바이 보살 일체세간 천 인 아수

羅 乾闥婆等 聞佛所說 皆大歡喜 信受
라 건달바등 문불소설 개대환희 신수

奉行.
봉행

편집 후기

서울대학교 이장호 교수님의 권유로 '서양의 한계를 극복하고 동서양 통합 상담심리학을 세우기 위해' 이동식 선생님 교실에서 김종서, 이종익 선생님들과 금강경 공부를 시작하였습니다.

금강경을 독송하던 중, '근원도 알 수 없는, 저 자신의 저 깊고 깊은 곳에서 생명의 빛이 흘러나오는 것'을 발견했습니다. '저와 모든 생명이 함께 하는 빛, 생명의 빛'이 저의 깊은 곳에서 나오고 있었습니다. 내면의 빛뿐만 아니라, 날씨와는 무관하게 밖에서 불어오는 법풍(法風, 진리의 바람)도 저의 몸과 마음을 시원하게 해 주고 있습니다. 많은 분들의 은혜로 경전 출판까지 하게 되었습니다.

첫째, 무비스님께서는 '천진난만하시며(?), 대자대비에도 걸리지 않으시는, 살아계시는 대 성현의 모습'으로 참으로 자상한 가르침을 베풀어 주셨습니다. 공역자의 자리에까지 내려와 주셔서 황송하고 황망할 뿐입니다. 참으로 고맙습니다.

둘째, 20년 넘는 세월 동안 매주 원고를 교정해주고 가르쳐 주신 두 분 선배님(안형관 선배님과 강수균 선배님)을 비롯한 화화회 회원님들(강태진, 김정옥, 김정자 선생님)에게 고마운 마음을 전합니다. 화화회에서 같이 했던 수많은 회원님들에게도 깊은 감사를 드립니다. 불교에 관해서 참으로 해박한 지식을 가지고 계시면서 가려운 곳을 긁어주고 모자라는 곳을 채워준 김남경 교수님께도 심심한 감사를 드립니다.

셋째, 눈이 되어주고 귀가 되어주고 손발이 되어주신 보리행 박혜정 보살님, 수선행 이수진 보살, 해광 조재형 거사에게도 고마운 마음을 전합니다.

넷째, 출판을 허락해 준 도서출판 운주사 김시열 사장님과 임직원님들께도 감사를 드립니다. 출판과 관련하여 '필자의 이런 저런 까다로운 요구'를 다 견뎌주고 협조해 주셨습니다.

마지막으로, 불교계의 어려운 출판 사정을 고려하여 출판에 많은 도움을 주신 동참회원님들께도 심심한 감사의 마음을 전합니다. 많은 십시일반 동참회원님들과 108 동참회원님들의 동참으로 수월하게 출판할 수 있었습니다. 이 인연 공덕으로 부처님의 무량 복을 누리시고, 속히 성불하옵소서.

법보시 108 동참회

1) 도일스님	15) 조성윤	29) 방애자	43) 배문주
2) 수보리스님	16) 서울독송회	30) 정인숙	44) 배영주
3) 남봉연	17) 대구독송회	31) 세심화	45) 부산 보현회
4) 이진우	18) KBS독송회	32) 정혜거사	46) 박경아
5) 민경희	19) 청안사	33) 고/대원화	47) 진여심
6) 고/안형관	20) 미/정각사	34) 마가스님	48) 김대진
7) 강수균	21) 송불암	35) 이종선	49) 도안스님
8) 강태진	22) 북대암	36) 박은희	50) 고/강호진
9) 김정옥	23) 이순랑법사	37) 한지민	51) 법현스님
10) 김정자	24) 김남경	38) 보명법사	52) 고/박종순
11) 박혜정	25) 해원보살	39) 김형일	53) 진주 용화사
12) 조재형	26) 오일수	40) 장충효	54) 운성스님
13) 이수진	27) 유명애	41) 도윤희	55) 이인자
14) 조성흠	28) 권준모	42) 김임용	

법보시 동참 계좌

신한은행 110-354-890749 조현춘(가사체금강경독송회)

이 통장으로 입금되는 보시금은 전액 '지정법당·군법당·병원법당·교도소·불교학생회 등에의 법보시, 불교기관에의 보시'로만 사용합니다. 고맙습니다. 참으로 고맙습니다.

가사체 금강경 독송회

대심 조현춘 010-9512-5202 합장

●**무비無比 큰스님**(전 조계종 교육원장)은

부산 범어사에서 여환스님을 은사로 출가. 해인사 강원 졸업. 해인사–통
도사 등 여러 선원에서 10여 년 동안 안거. 오대산 월정사에서 탄허스님
을 모시고 경전을 공부한 후 '탄허스님의 법맥을 이은 대강백'으로 통도
사–범어사 강주, 조계종 승가대학원–동국역경원 원장 역임. 지금은 범어
사 화엄전에 주석하시면서 후학을 지도하며 많은 집필활동과 더불어 전
국 각지의 법회에서 불자들의 마음 문을 열어주고 있습니다.
(다음 카페: 염화실)

●**대심大心 조현춘**(가사체 금강경 독송회)은

서울대학교 이장호 지도교수님의 권유로 '동서양 통합 상담심리학'을
세우기 위해 금강경 공부 시작. 30여년 교수생활 중에 계속 '불교경전과
상담심리학'이라는 주제의 논문 발표. 화엄경과 화이트헤드 연구회–법
륜불자교수회–한국동서정신과학회–한국정서행동장애아교육학회–대한
문학치료학회 등의 회장을 역임하였습니다..
(다음 카페: 가사체금강경)

定本 漢文 金剛經

초판 1쇄 인쇄 2022년 12월 6일 | 초판 1쇄 발행 2022년 12월 13일
공역 무비스님 · 조현춘 | 펴낸이 김시열
펴낸곳 도서출판 운주사 (02832) 서울시 성북구 동소문로 67-1 성심빌딩 3층
　　　전화 (02) 926-8361 | 팩스 0505-115-8361
ISBN 978-89-5746-720-6　03220　값 12,000원
http://cafe.daum.net/unjubooks 〈다음카페: 도서출판 운주사〉